JN028283

ファイナンスのプロになる

Excel財務モデリングの教科書 I

—ミスを減らせるルール 編

合同会社丸の内プレップ 代表
公認会計士　服部 浩弥

I

第3章
「丸の内ルール」の根本思想 ——————————————— 37

第4章
丸の内ルール・お作法 ————————————————————— 45

本書記載、各ルールの理解の参考となる Excel ファイル
ダウンロード先

marunouchi-prep.com

（合同会社丸の内プレップ ホームページ）

ぜひ、これら Excel ファイルを本の傍らに開き、実際に Excel に触れながら、
手を動かして、読み進めて頂けたら幸いです。

第1章

はじめに

｜ はじめに

1. 本書のゴール

　本書では、仕事で財務モデルを作成する方や使用する方にとって、以下のスキルを身に着けてもらうことをゴールに設定しています。

本書のゴール
① ミスのリスクが低いモデリング手法
② 使いやすく、メッセージを伝えやすい財務モデルの見せ方
③ 財務モデルの効果的な管理手法

2. 本書が想定する読者

　本書では、以下のような方を読者と想定しています。

本書が想定する読者
① 事業会社で経理財務・経営企画等の部署に所属し、事業計画の策定や、ファイナンス（資金調達）、M&A 業務等に従事する方
② 金融機関、投資銀行、プライベート・エクイティ・ファンドその他のファイナンス系プロフェッショナルファームへの転職を考えている方
③ 金融機関、投資銀行、プライベート・エクイティ・ファンド、ビジネス・デュー・ディリジェンス業務に携わる戦略コンサルティング・ファームの現役アナリスト・アソシエイト職（1〜5年目）
④ これから上記の業種や職種への就職活動を迎える学生
⑤ その他プロフェッショナルレベルの Excel スキルを身に付けたい方

　財務モデリングのスキルは、何処の国でもどんな事業に携わっていても普遍的に通用するスキルです。社内で活躍の機会を増やすことにも有効ですし、転職の際に客観的なアピール・ポイントにもなります。また、就職活動を控えた大学生や高校生にとっても強力なアピール・ポイントになります。

3. 本書の執筆に至った経緯

　本書を手に取った読者の皆さんは、Excel についてどのようなイメージを持っているのでしょうか？ Excel は議論の余地なく便利なものです。しかしながら、Excel で集計や分析などの仕事で使いこなすことについては、苦手意識を持っている読者が多いかもしれません。Excel は便利であるにもかかわらず、なぜ苦手（ネガティブな）意識を持たれているのか？その一例を挙げてみます。

Excel が苦手（嫌い）な理由の例

① 計算を進めるにつれ、そもそも何を計算しているのか？が分からなくなってしまう。

② 参照先がシートやブックを縦横無尽に飛び交っていて、追いかけるので疲れて果ててしまう。

③ 計算が複雑化してくると、修正やチェックがおろそかになってしまう。

④ ファイルが多くなってくると頻繁にフリーズする。最悪のケースでは、保存されないまま強制終了されてしまう。

　もちろん筆者もこのような経験を何度もしてきました。筆者の過去のキャリアにおいて、Excel とどのように付き合ってきたかについて簡単に触れます。

　筆者は大学卒業後、監査法人に入所しました。当時（1999 年）の監査法人でも既に監査調書の作成には Excel が用いられていました。筆者はジュニアスタッフ時代、ミスが多く、なかなか結果を出せずに苦しんでいました。Excel もうまく使いこなせず、筆者は近所の書店で Excel に関する本を買い集めて読み漁り Excel スキルの改善を試みました。しかしながら、当時の Excel の教科書は関数や機能の説明のみであり、仕事に活かせるような Excel のヒントを教えてくれるような本は殆どありませんでした。筆者がせいぜいできたことと言えば、ミスを減らすために十回近く自分で見直す習慣づけをしたり、「自分がチェックしたつもりでもまだ見落としているミスがあるはず」と言う心がけを持つこと位でした。

　その後筆者は、縁があってアメリカ系の投資銀行に転職しました。そこで筆者が受けたニューヨーク本社でのアソシエイト研修の財務モデリング・トレーニングに衝撃を受けました。財務モデリングには、一定のルールやお作法が存在していることを学んだのです。これらのルールやお作法を守ることで作業が楽になる

のみならず、ミスも減らすことができることを知ったのです。

その後、また縁があってニューヨーク本社に出向する機会を得ました。そこでは、自分の部下である現地の新卒アソシエイトに仕事を任せていたのですが、そこでまた衝撃を受けました。特にファイナンスや会計を専攻としていなかった新卒の標準的な能力のアソシエイトでさえ、Excel を利用して財務三表をリンクさせることができ、当たり前のように、財務モデリングを遂行できていたのです。彼らは大学を卒業した直後にも関わらず、Excel における財務モデリングのスキルを既に身に付けていたのです。

筆者の印象ですが、残念ながら我が国の財務モデリングのスキルは、現時点ではアメリカよりも遅れを取っていると感じています。この日米の財務モデリング実務の差は何か？筆者は、その原因がアメリカにおける「標準化」と日本における「職人技」と言う違いから生じているものと考えています。筆者の好きな名著「失敗の本質―日本軍の組織論的研究」（中公文庫 戸部 良一著）には、まさに筆者が伝えたい考察がありましたので、ここで紹介します。

第二次世界大戦中、アメリカでは豊富な資源をもとに大量の兵器を製造するべく、兵器を徹底的に「標準化」させました。量産化でき、かつ、誰でも操縦できるような兵器を大量生産しました。そのため、鬼のように強い兵器が生まれたわけではありませんが、「インダストリアルエンジニアリングの発想から平均的軍人の操作が容易な武器体系」を構築することができました。

一方で、日本の兵器は、「ある部分は突出してすぐれているが他の部分は絶望的に立ち遅れているといった形で、一点豪華主義だが、平均的には旧式なものが多かった」のです。かの有名なゼロ戦こと零式艦上戦闘機がありましたが、その操縦のためには相当な訓練が必要であり、いわゆる「職人技」がもとめられるものでした。

令和を迎えた現代でも財務モデリング実務においては、日米間に同質の差があると感じています。米国では、前述の筆者のニューヨークでの実務経験の通り、平均的なビジネスマンでも比較的速く、ミスも少なく、財務三表を繋げることができています。一方で、我が国では、優秀な経理マン、戦略コンサルティング・ファーム、投資銀行などの一部のプロフェッショナルがそれぞれの職人芸をフル活用して有用な財務モデルを構築しています。そしてそれらの優秀な人材が異動や転職でいなくなってしまうと、その財務モデルをアップデートすることが困難となってしまい、十分な理解のないまま代々引き継いでいく、と言うのが我が国の財務

モデリング実務では多く見受けられます。結果として、財務三表モデルを素早く正確に構築することができるのはほんの一握りのビジネスマンのみ、と筆者は感じています。

　我が国では「働き方改革」の名のもとに労働時間の短縮化を進められています。しなしながら、仕事の成果はQuantity（労働時間）とProductivity（生産性）の掛け算の結果です。つまり、Quantity（労働時間）が下がっていく一方で、Productivity（生産性）を向上させていかないと、従来の仕事のクオリティを維持することはできません。

　さらに、我が国の抱える問題点である労働力人口の減少があります。労働力を維持するべく、多くの外国人労働者が日本に渡ってきています。ファイナンスの業界でも同じことが起きています。財務モデリングをはじめとする様々なスキルを持った優秀なアジア人、欧米人が日本で活躍し始めています。（余談ですが、実際に筆者の部下にも相当優秀な外国人がいましたが、彼らは財務モデリングなどのスキルの他、ビジネス日本語（尊敬語、謙譲語などの使い分けを含む）においても標準的な日本人よりも上手く使えていたことも衝撃的でした。）

執筆の動機
① 　より短時間で従来と同等以上のクオリティで財務モデリングができる環境を整えたい。
② 　国際化する我が国の労働市場で生き残るための一手法として、財務モデリングのスキルを身に付けてもらいたい。

　本書は、筆者の監査法人、外資系投資銀行、会計系コンサルティング・ファーム、ニューヨーク本社、総合商社、そしてベンチャー企業で培った実務経験において体得した財務モデリングの実務経験を通じて、財務モデリングのスキルのうち、ルールやお作法を体系的にまとめたものです。この財務モデリングに関するルールやお作法のことを、筆者が講師として財務モデリングの研修を行う学校「丸の内プレップ」にちなみ、「丸の内ルール」と名付けました。そして、財務モデリングのもう一つの大切なスキルである「財務三表モデリング」については、後日別冊で上梓する予定です。それまでの間は、丸の内プレップの開催する財務モデリング・トレーニングを通じて「財務三表モデリング」スキルを伝授していく予定です。

財務モデリング実務で必要となるテクニックやお作法は、気付いてみればたいしたことのないものばかりです。そのため、財務モデリングのスキルは、短い時間・少ない労力で、効率的に大きな効果が発揮できる数少ないビジネススキルの一つと言えますので、是非マスターして下さい。

4.　本書の活用方法

　本書では、財務モデルを構築するための実用的なルールやお作法が解説されています。本書を読み進める時は、是非 Excel を傍らで起動させておき、実際に手を動かして進めて下さい。確かに Excel を触らずにまずは最後まで読破する、と言うやり方もあるかもしれません。しかし、それでは何度繰り返し読んでも財務モデリングが身に付くことはありません。財務モデリングの上達の道は、とにかく「手を動かす」ことに尽きます。自動車学校で配布される運転教本を何度も繰り返し読んだり暗記したりしても実際の運転技術は向上しないことと同じです。

　また、「丸の内プレップ」のウェブサイト（marunouchi-prep.com）から、本書の各ルールの理解の参考となる Excel ファイルをダウンロードできます。これらの Excel ファイルを本の傍らに開き、実際に Excel に触れることで理解が進む（よりふさわしい表現で言えば、手が覚えてくれる）ことでしょう。

　また、本書に掲載した「丸の内ルール」は、財務モデリングのプロフェッショナルのみならず、多くのビジネスマンにとって筆者が重要と考える全てのルールです。しかしながら、今後 Excel のアップデートや我が国の財務モデリング実務水準の向上が進化に合わせ、追補増版していく予定です。

　前書きの最後に、本書の執筆にあたって、筆者からの初期的な相談から税務経理協会の紹介まで種々サポートを頂きました慶應義塾大学商学部教授友岡賛君に感謝の意を表します。また、ドラフト段階でレビューして下さった壁谷潤氏、柴田雄太氏、春原希望氏、山本裕弥税理士、柏原僚太氏及び中桐将博氏にはひとかたならぬお世話になりました。心より感謝致します。

第 2 章

財務モデリング総論

財務モデリング総論

本章では、財務モデリングとは何か？その目的は何か？いつ必要になるのか？どんな登場人物がいるのか？財務モデルの要件は何か？について解説します。本章を読むことで財務モデルのイメージを持った上で、具体的にはどのように財務モデリングに取り組むべきか？を解説した次章に進んで下さい。

1. 財務モデリングとは

財務モデリングとは何か？それは、「将来の予測を数値で表現するための一連の作業」のことと定義することができます。しかしながら、この定義のままでは、やや抽象的な表現に留まってしまいます。そこでもう少しかみ砕いてみたいと思います。

経営者は、日々の事業に取り組みつつ、同時に将来を見据えた上で、投資するのか？現状維持の姿勢を取るのか？もしくは手持ちの資産を売却（撤退）するのか？と言う経営判断に常に迫られています。その見据えなければならない将来の予測は、100%確実なものにはなりえません。よりビジネス寄りの用語を用いれば、「将来の予測」とは「リスク」（＝上振れも下振れもする可能性のある不確実な状態のこと）そのものです。経営者を含む我々人間は神様ではないので、「将来の予測」を確実に行うことはできません。我々にできることは、過去の経験や経営者自身の「思い」、「見立て」、「心配事」などに基づいて最善の努力で予測を行うか、もしくは占い師に将来を占ってもらうこと程度でしょう。

（占いはともかくとして）その予測の拠り所となる「思い」、「見立て」、「心配事」とは、例えばシンプルに「売上高を1,000億円にしたい」と言うものや、「将来的には特に中国からのインバウンド観光客をターゲットにしたい」、「いずれ射出成型事業からは撤退しなければならなくなる」と言うものだったりします。

売上高1,000億円
にしたい！

経営者の思い

一方で将来は不確実

▽ マーケットは成長？
▽ 競合の参入は？
▽ コスト上昇？
▽ 従業員は確保できる？
▽ 金利や為替の影響は？

「思い」＋「不安」を数値であらわすのが
財務モデル

　しかし、経営者によるこれら将来への思いや予測は、「将来どの程度儲かるのか？」と言う問いに対して、客観的かつ具体的な情報、すなわち売上高、キャッシュ・フロー、利益などの財務数値と必ずしも直結していないのが一般的です。例えば、「将来の予測はどのようなものか？」と言う問いに対して、「将来の見立ては明るいです！」や「雲行きが怪しくなってきた」、「しっかり取組んでいきたい」と言った、具体的ではないフワフワした回答をしてしまうケースは実際に多く見受けられます。このままでは、「思いの強さ」や「イメージ感」と言った主観的であいまいな情報でしか経営判断できなくなってしまいます。数値で結果を残さなければならない事業経営において、このようなあいまいな回答は十分ではありません。

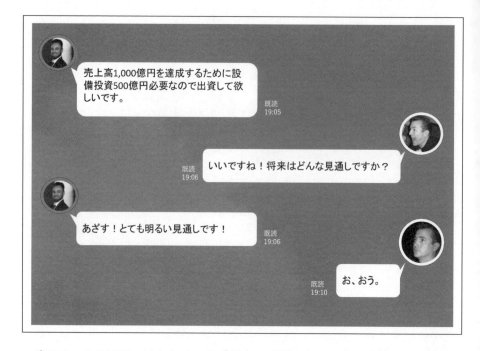

そこで、このフワフワとしている「将来の予測」を、一定の前提のもとで数値化して入力し、入力された前提条件に基づいて必要な計算を行い、その計算の結果としての財務数値をアウトプットすることで、より具体的で定量的な結果として表示するための作業が必要になります。この一連の作業のことを「財務モデリング」と言います。そして、財務モデリングの過程で構築されるツールのことを「財務モデル」と言います。財務モデルを用いることで、例えば、前述の「将来の予測はどのようなものか?」と言う問いに対して、「中国からのインバウンド観光客の25%を顧客として獲得できれば、将来のフリー・キャッシュ・フローは現状の50%は改善されます。」と言った具体的な回答ができるようになります。

要約すると、「財務モデリング」がなぜ必要なのか?それは、「経営者が将来のリスクを定量化し、その結果として今何をすべきかについての有用な情報を提供する」必要があるためです。

2. 財務モデルの役割

　前述の通り、財務モデリングは「リスクの定量化」を目的としたプロセスです。その「リスクの定量化」のツールが財務モデルです。

　例えば、自社が展開しているマーケットの成長性、自社のマーケット・シェアなどは経営者が日々特に目を光らせている「リスク」です。その他「リスク」の一例を以下の通り列挙します。

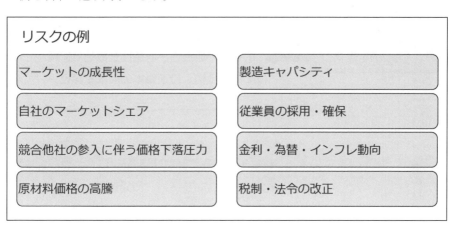

リスクの例

マーケットの成長性	製造キャパシティ
自社のマーケットシェア	従業員の採用・確保
競合他社の参入に伴う価格下落圧力	金利・為替・インフレ動向
原材料価格の高騰	税制・法令の改正

　これらの経営者が気にかけている「リスク」については、財務モデルで反映されている必要があります。例えば、「マーケット規模が毎事業年度で5％成長すると思っているが、もし1.2％しか成長しなかった場合、どの程度売上高にインパクトがあるのか？」と言う疑問に数値をもって回答することが財務モデルの役割なのです。このような分析をシミュレーション分析と言います。詳細は後述します。

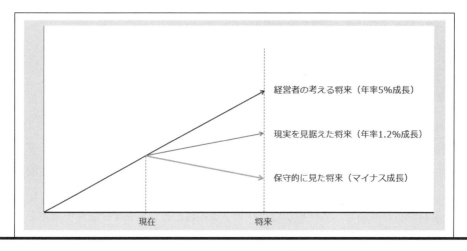

経営者の考える将来（年率5%成長）

現実を見据えた将来（年率1.2%成長）

保守的に見た将来（マイナス成長）

現在　　　　　　　　将来

このシミュレーション分析によって、インパクトの大きなリスク要因を把握することができれば、財務モデルはその役割を果たすことができたと言えます。一方で、リスク要因ではあるものの実はインパクトがほとんどなかったというシミュレーション結果が出たとしても、経営者の不安の種を一つ解消できたという点で財務モデルの役割は果たされたと言えるでしょう。

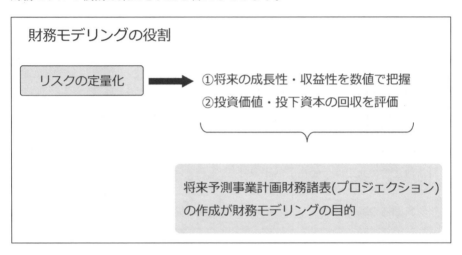

ではこの「リスクの定量化」が実務上必要となるのはどのようなケースか？について次項で解説します。

3. 財務モデルが必要となる場面

財務モデリングが必要となるケース
　①　将来の収益性・成長性を評価するケース
　　　月次予算や事業計画の策定など
　②　投資するか否かを検討するケース
　　　M&A、インフラ・資源投資の検討など

事業経営において「リスクの定量化」は至る場面で必要となります。例えば、現在の事業にかかる売上高は5年後にいくらになっているか？現状の不採算事業を中止なかった場合資金ショートが起きるのは何か月後か？とある企業の買収を実行した場合、何年で投資回収できるのか？その場合の利回りは何パーセントか？など経営者が数値として把握したいリスクは多様に存在します。実務上財務モデ

ルが必要とされるケースはおおよそ以下の２つのケースに大別されます。

① 事業の将来の収益性・成長性を把握する場合

　まず、予算編成部門が来年度の予算を策定する場合や、経営企画部門が３年から５年程度の比較的長期間にわたる経営計画を策定する場合に財務モデルが必要となります。今年度までの実績や将来あるべき姿などに基づいて来年度やそれ以降の予算や計画を策定することになります。その際に将来事業計画財務諸表が作成されることになります。財務モデリング実務上、この将来事業計画財務諸表は「プロジェクション」と呼ばれます。一般的に見られる予算編成は、今年度の実績の経営成績に一定の成長率を乗じて将来数値を算定しています（このように将来の計算の基礎とされた今年度実績数値のことを財務モデリング実務上「発射台」と呼ばれたりします）。

　この方法は最もシンプルでかつ「成長率」と言うシンプルな指標を変数としているので直感的です。しかし、この方法では、「なぜ売上高が伸びたのか？利益が改善したのか？」と言う問いかけに直接的に答えることができず、「事業を成長させ、収益性を向上させていくために具体的に何をすべきか？」が分からないままになってしまいます。

そこで、財務モデル上は KPI（Key Performance Indicator）を特定した上で、KPI に連動して財務数値が変動する仕組みにする必要があります。KPI とは、企業や事業の目標を達成するための重要な業績評価の指標のことを言います。下記の通り、KPI は業種ごとに様々です。

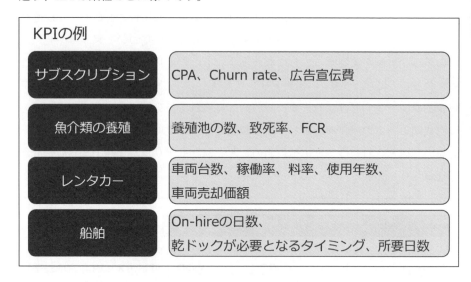

KPIの例

サブスクリプション	CPA、Churn rate、広告宣伝費
魚介類の養殖	養殖池の数、致死率、FCR
レンタカー	車両台数、稼働率、料率、使用年数、車両売却価額
船舶	On-hireの日数、乾ドックが必要となるタイミング、所要日数

　サブスクリプション事業を例に説明すると、投入できる広告宣伝費と目標とする CPA（顧客獲得単価。Cost Per Acquisition）が決まると、新規で獲得できる会員数を算定することができます。また、Churn Rate（解約率）を前月からの継続会員数に乗じて解約会員数も算定することができます。サブスクリプション事業においては、これらの広告宣伝費や CPA、Churn Rate などの指標が KPI に該当します。そして、サブスクリプション事業における財務モデルとは、これらの KPI を駆使して会員数を算定し、その会員数に会員当たり定額収益単価を乗じることで月額収益（MRR "Monthly Recurring Revenue"）が算定されるように構築される必要がある、と言うことです。

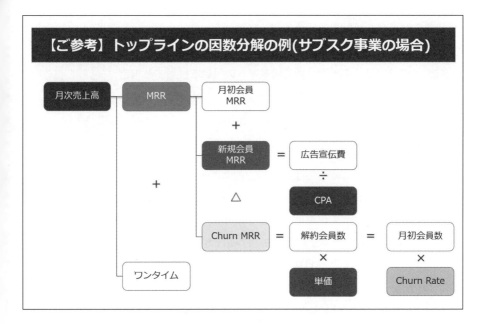

【ご参考】トップラインの因数分解の例(サブスク事業の場合)

月次売上高 ── MRR ── 月初会員MRR
＋
新規会員MRR ＝ 広告宣伝費 ÷ CPA
△
Churn MRR ＝ 解約会員数 ＝ 月初会員数
× ×
単価 Churn Rate
＋
ワンタイム

　このように売上高等の財務諸表項目を KPI その他要素まで分解していくことを財務モデリング実務上は「因数分解」と言います。この因数分解は KPI が特定されるまで続ける必要があります。いわば KPI はこれ以上分解できない「素因数」と言えるでしょう。

　以上、解説が KPI の話にそれてしまいましたが、財務モデリング実務上（そして事業経営のあらゆる局面で）KPI の特定は不可欠であることは覚えておいて下さい。この財務モデリング上の因数分解については別途改めて解説します。

② 投資するか否かを検討する場合

　次に、事業会社やプライベート・エクイティ・ファンド（以下、PE ファンドと言います。）が他社の買収（M&A）を検討する場合や、総合商社をはじめとする事業会社や銀行がインフラ、不動産、資源権益等へのプロジェクトへの投資又は融資（いわゆるプロジェクト・ファイナンス）を検討する場合に財務モデルが必要となります。いずれのケースの財務モデルも、本質的には前述の自社の予算編成や中期経営計画の策定における財務モデルと同じことですが、以下それぞれのケースに分けて説明します。

投資するか否かを検討する場合の例

（1） M&A を検討する場合
（2） インフラ、不動産、資源権益等への投資を検討する場合
（3） スタート・アップがエクイティ・ファイナンスで資金調達する場合

（1） M&A を検討する場合

　読者が前述のように事業会社の経営企画部門や財務部門や、PE ファンドに所属しており、事業買収を検討する際、目標とする収益性を得るためには買収価額をいくら（以下）にすべきかを検討する必要があります。同様に自社の連結子会社、投資先や自社の特定の事業部門を社外に売却（カーブアウト）するような場合にも、凡そいくらで売れることが見込まれるのかを見積もるためにも財務モデリングが必要となります。

　M&A の検討における財務モデリングの対象は、M&A の対象企業・事業（以下、「ターゲット」と言います。）の財務情報です。買い手と売り手の双方が、前述の事業計画の策定のケースと同様、ターゲットの過去実績財務諸表をベースに、プロジェクションを作成します。買い手の場合、さらに各種デュー・ディリジェンス（以下、「DD」と言います。）の結果を踏まえて、買い手目線のプロジェクションを作成することで、買収した後いつどの程度のキャッシュ・フローや利益を得るのかを見積もり、その分析結果として買収価額を算定（以下、「バリュエーション」と言います。）します。

　また、ターゲットの買収対価の大部分をエクイティ（資本。いわゆる手金（てがね））ではなく（ターゲットの保有資産やキャッシュ・フローを担保にした）銀行借入れで調達した上で買収するいわゆるレバレッジド・バイ・アウト（以下、「LBO」と言います。）案件の場合においても財務モデリングが必要となります。買い手（とりわけ PE ファンドを想定）が、ターゲットの買収後、一定期間経営に携わり、ターゲットの事業価値を高めた後、将来のある時点において売却（実務上「EXIT」と呼ばれます。）することを想定します。そして、いついくらで EXIT すれば、望む IRR や MOIC（想定投資倍率。Multiple Of Invested Capital）などの収益性指標を満たすことができるのかを確かめる必要があります。そこで、当該 M&A 案件の前提条件として、目指したい収益性を満たすためのエクイティと

銀行借入れの比率、借入金額、金利、返済方法、EXIT 時期などを探っていくことになります。これらの前提条件に基づき、買い手はどの程度（LBO ローンの返済後の）キャッシュ・フローや配当、EXIT 時の株式売却対価を得られるのか？借入期間中にコベナンツ（財務制限条項）に抵触しないか？最も遅くてもいつ、そして最低でもいくらで EXIT しなければならないのか？などを予測するために財務モデリングを実施することになります。

（2）　インフラ、不動産、資源権益等への投資を検討する場合

　インフラ事業会社や総合商社において、資源や電力、船舶その他交通インフラ等の権益やプロジェクトへの出資を検討している場合も財務モデリングが必要となります。資源や電力などのプロジェクトでは、プロジェクト期間の毎期の産出量や発電量を比較的高い確度で見積もることができます。また、権益やプロジェクトの総投資額が巨額となるのが一般的であるため、銀行からのプロジェクト・ファイナンスを伴います。このプロジェクト・ファイナンス契約では、ローンの返済条件が複雑であることが一般的です。そのため、株主（エクイティ・ホルダー）にとって目標となる収益性を達成するためには、配当性向やローンの返済条件などの諸条件をどのように決定するべきかを検討するため、前述の予算編成や M&A のケースと同様に当該権益・プロジェクト投資についてのプロジェクションを作成するために財務モデリングを実施することになります。

（3）　スタート・アップがエクイティ・ファイナンスで資金調達する場合

　近年我が国でも勃興しているスタート・アップがエクイティ・ファイナンス（増資）を画策する際にも、エクイティ・ストーリーと呼ばれる投資家向け説明資料の主要コンテンツとなるプロジェクションを作成し、ベンチャー・キャピタルやエンジェルをはじめとする増資の引受先に提出します。このエクイティ・ストーリーを作成する場合も財務モデリングが必要となります。

4.　財務モデルの種類

　次に財務モデルにはどんな種類のものがあるのか？について解説します。
　財務モデルは大まかに、コーポレート・ファイナンス・モデル、プロジェクト・ファイナンス・モデル、DCF モデル及び LBO モデルの 4 種類に分類されます。こ

れらの財務モデルは、以下の表の通り前述の財務モデリングが必要となるシチュエーションごとに使い分け又は併用されます。

財務モデルの種類と必要となるケース例

	コーポレート・ファイナンス・モデル	プロジェクト・ファイナンス・モデル	DCFモデル	LBOモデル
予算・事業計画	●	◐	○	○
M&A	●	◔	●	◐
権益・プロジェクト投資	○	●	◑	◔
スタート・アップのエクイティ・ファイナンス	●	○	○	○

● 頻出　○ レア

（ア）　コーポレート・ファイナンス・モデル

　コーポレート・ファイナンス・モデルとは、特定の企業や事業を対象として、過去実績をベースとしつつ、将来における収益の成長度合いを始めとして、コスト、運転資本、設備投資額（以下、「CAPEX」（CAPital EXpenditure）と言います。）や借入れ、配当などの見立てに基づいて、プロジェクションをアウトプットする財務モデルのことです。このコーポレート・ファイナンス・モデルは、予算や事業計画の策定、M&A、エクイティ・ファイナンスと多くのケースで用いられます。また、後述のM&Aのケースにおいては、DCFモデルや、LBOモデルと併せて作成されることも多いです。本書では、このコーポレート・ファイナンス・モデルに主眼を置いた解説を進めます。

（イ）　プロジェクト・ファイナンス・モデル

　プロジェクト・ファイナンス・モデルは、前述のプロジェクト・ファイナンスを伴うインフラ、不動産、資源権益やプロジェクトに投資を検討する際に作成される財務モデルのことです。インフラ投資を例に挙げると、以下の項目について、レンダーとの融資契約やフィナンシャル・アドバイザー（以下、「FA」と言います。）

から提供されるインフォメーション・メモランダム（以下、「IM」と言います。）などをベースとして、プロジェクト期間にわたるキャッシュ・フローを予測するために用いられるのがプロジェクト・ファイナンス・モデルです。

プロジェクト・ファイナンス・モデル構築上の主要な留意点

① 建設費用がいついくら発生するのか？

② ローンやエクイティをいついくら調達するのか？

③ 商業稼働開始日はいつか？

④ 何年間稼働するのか？

⑤ 稼働中にキャッシュ・フローがいついくら発生するのか？

⑥ そのキャッシュ・フローからシニア・ローン等各種借入金についてのデット・サービス（元本返済額＋利払額）がいついくら発生するのか？

⑦ コベナンツ上求められる各種準備金（DSRA（Debt Service Reserve Account）、MRA（Maintenance Reserve Account）等）の積立条件や各種財務比率（DSCR（Debt Service Coverage Ratio）、LLCR（Loan Life Coverage Ratio）、PLCR（Project Life Coverage Ratio））はどの程度求められているのか？

など

プロジェクト・ファイナンス・モデルとコーポレート・ファイナンス・モデルの大きな違いは二つあります。

プロジェクト・ファイナンス・モデル	項目	コーポレート・ファイナンス・モデル
原則なし（既存のプロジェクトに途中から参加する場合は存在する）	過去実績財務諸表	原則あり
プロジェクト期間が定められているため期限あり	財務モデル期間の期限	継続企業を前提としているため原則は期限なし（予測できる期間を定めて期限を作る）

まず、過去実績財務諸表の有無です。コーポレート・ファイナンス・モデルは、財務モデリングの対象となる事業や企業が開業初年度でない限り過去実績財務諸表は存在します。一方で、プロジェクト・ファイナンス・モデルでは、一般的には商業稼働前の権益やプロジェクトを投資対象としている（いわゆる「グリーン・

フィールド」）ため、過去実績財務諸表は通常存在しません（もちろん商業稼働開始後に投資（いわゆる「ブラウン・フィールド」）する場合は、過去実績財務諸表は存在します）。

　次に財務モデル期間の期限の有無が違いとして挙げられます。コーポレート・ファイナンス・モデルは、一般的に継続企業を前提（Going Concern）とした企業や事業を対象とします。そのため、コーポレート・ファイナンス・モデルでは、理論上は期間が制限されることはありません（もっとも、実務上は合理的な予測が可能な期間の範囲を期限としています）。一方で、プロジェクト・ファイナンス・モデルでは、その対象が期限付きの権益やプロジェクトであるため、期限が存在するのが一般的です。

（ウ）　DCF モデル

　DCF モデルは、特定の企業や事業のバリュエーション手法のうちインカム・アプローチの代表例である DCF 法（Discount Cash Flow Method）で用いられる財務モデルのことです。DCF モデルでは、将来の各事業年度のフリー・キャッシュ・フローを算定し、各期のフリー・キャッシュ・フローを一定の期待収益率で割引くことで現在価値を算定します。

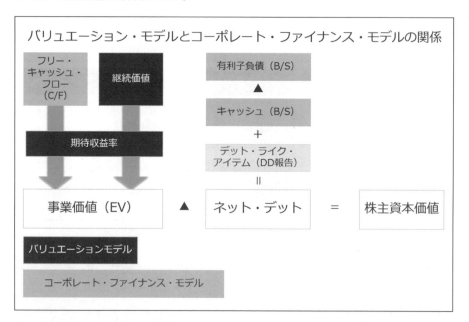

フリー・キャッシュ・フロー及び継続価値の現在価値を合計して事業価値（Enterprise Value）が算定されます。そして、評価基準日時点の有利子負債総額から余剰キャッシュ残高を相殺してネット・デット（Net Debt）の額を算定します。さらに事業価値からネット・デットを差し引くことで株主資本価値（Equity Value）を算定することができます。DCF モデルは、M&A を検討する際に買い手と売り手の双方において用いられるのが一般的です。一方で、PE ファンド等の一部の投資家が買収を検討する際には、DCF 法などのバリュエーションよりも、次項で解説する LBO モデルなどで算定される内部収益率（IRR）をより重視して投資の可否を判断する場合もあります。

（エ）　LBO モデル

　LBO モデルとは、買い手がエクイティ（手金）だけではなく、LBO ローンを用いて買収を行う際、ローンにかかる利払いや返済などを加味した買い手にとってのリターンを計算することを目的とした財務モデルのことです。つまり、誰が（エクイティの出し手？銀行？）、買収に当たっていくら支払い、どの位の期間（ローンであれば借入期間、エクイティであれば EXIT するまでの期間）、どの位の果実（ローンであれば金利、エクイティであれば配当や株式の売却益（キャピタル・ゲイン））を見込んでいるのかを財務モデル上で表現することになります。最終的にはエクイティの出し手にとって当該買収からどの位の IRR や MOIC などを見込めるのか、と言う情報を提供することを主な目的とする財務モデルです。

（オ）　オペレーティング・モデルとファイナンシャル・モデル

　ここで、M&A の実務上よく見かけるコーポレート・ファイナンス・モデルの「切り分け」についても触れておきます。M&A の検討では、法務、環境、税務、会計などの DD を実施することが一般的です。そして近年では、ビジネス DD（以下、「BDD」と言います。）も実施されることが多くなりました。BDD とは、買収対象企業のビジネス内容を把握した上で、そのビジネスを取り巻くマクロ環境や競合企業の分析を通じて強みやリスクを評価し、将来の収益性や成長性、更に買い手とターゲットの事業とのシナジー効果も評価した上で、最終的にはプロジェクションで表現することを目的とした調査のことを言います。ここで最も重要な作業の一つが、強みやリスクと言った「定性的」な BDD の評価結果を将来の収益性や成

長性、つまり将来の売上高（トップライン）や EBITDA の予測と言った「定量的」な結果に落とし込むプロジェクションの作成です。この BDD のプロセスで作成される財務モデルのことを、「オペレーティング・モデル」と言います。また、オペレーティング・モデルと対になる財務モデルとして「ファイナンシャル・モデル」も存在します。それぞれどのような財務モデルなのかについて以下解説します。

① オペレーティング・モデル

　オペレーティング・モデルとは、損益計算書の売上高から売上総利益又は EBITDA までの予測数値及びキャッシュ・フロー計算書の CAPEX（場合によっては運転資本の増減額も含まれる）の予測数値をアウトプットする財務モデルです。そしてこのオペレーティング・モデルの構築において最も重要なことは、各財務項目を「因数分解」して KPI まで細分化され、その KPI ごとに将来予測を行う点です。つまり、前述のターゲットの強みやリスクと言うものは、直接的に財務数値に落とし込めることよりも、むしろマーケット規模の成長性、ターゲットのマーケット・シェアの今後の動向、原材料価格、後述の CPA や解約率などの KPI で表現できることの方が多いです。そこで、これらの KPI を予測して入力することで、売上高から EBITDA まで及び CAPEX の財務数値がアウトプットされる財務モデルを作成することが BDD の最終目標となるのです。以下はサブスクリプション事業のオペレーティング・モデルの一例です。

財務モデリングブートキャンプ オペレーティングモデル ベース・ケース	実績or計画 期 事業年度 開始日 終了日 日数	計画 第12期 2020年度 2020.4.1 2020.4.30 30日	計画 第12期 2020年度 2020.5.1 2020.5.31 31日	計画 第12期 2020年度 2020.6.1 2020.6.30 30日	計画 第12期 2020年度 2020.7.1 2020.7.31 31日	計画 第12期 2020年度 2020.8.1 2020.8.31 31日	計画 第12期 2020年度 2020.9.1 2020.9.30 30日
1 人件費							
1.1 新規加入者数							
広告宣伝費	千円	6,000	6,000	6,000	6,000	6,000	6,000
CPA	円/名	2,139	2,139	2,139	2,139	2,139	2,139
新規加入者数	名	2,805	2,805	2,805	2,805	2,805	2,805
1.2 利用者数							
解約率	%	3.0%	3.0%	3.0%	3.0%	3.0%	3.0%
月初利用者数	名	-	2,805	5,526	8,165	10,726	13,209
新規加入者数	名	2,805	2,805	2,805	2,805	2,805	2,805
解約数	名	-	(84)	(166)	(245)	(322)	(396)
月末利用者数	名		2,805	5,526	8,165	10,726	13,209	15,618
1.3 売上高							
月額利用料	円/月	4,980	4,980	4,980	4,980	4,980	4,980
売上高	千円	13,970	27,520	40,664	53,414	65,781	77,777

オペレーティング・モデルの作成者は、一般的にはBDDを担当する戦略系コンサルティング・ファームです。

② ファイナンシャル・モデル

前述の通り損益計算書の売上高から売上総利益又はEBITDAまで及びキャッシュ・フロー計算書のCAPEXの各財務数値はオペレーティング・モデルからアウトプットされます。そして、財務三表のモデルの残りの部分、つまり、EBITDA以降当期純利益までの項目や貸借対照表及びCAPEXを除くキャッシュ・フロー計算書をアウトプットするのがファイナンシャル・モデルです。

オペレーティング・モデルを担当する戦略系コンサルティング・ファームは、必ずしもファイナンスや税務・会計のスペシャリストではありません。また、M&AのBDDと言う非常に限られた時間の中では、BDDを担当するチームは、ファイナンスなどの検証はFAなどに任せて、本来の得意分野であるターゲットのビジネスの検証にリソースを集中しなければなりません。そのため、損益計算書上減価償却費、金利、法人税などの税金項目、貸借対照表項目、そしてCAPEX以外のキャッシュ・フロー計算書項目については、会計系コンサルティング・ファームが、オペレーティング・モデルをベースとしてファイナンシャル・モデルを構築することが一般的です。参考までに、損益計算書上のオペレーティング・モデルとファイナンシャル・モデルの区分けを以下の通り例示します。

売上高	13,579
売上原価	(9,752)
売上総利益	3,827
販売費及び一般管理費	(2,344)
EBITDA	1,483

オペレーティング・モデル

戦略コンサルがビジネスDDを通じて構築

減価償却費	(650)
営業利益	833
支払利息	(86)
経常利益	1,397
特別損失	(34)
税引前当期純利益	1,363
法人税等	(423)
当期純利益	940

ファイナンシャル・モデル

会計コンサルが構築

③ 留意点

　このように DD 局面における財務モデルは、異なる当事者が異なる財務モデルを作成します。そのため、両者の連携・役割分担は非常に重要です。M&A 実務では、戦略コンサルティング・ファームの BDD チームと会計系コンサルティング・ファームのファイナンシャル・モデリング・チームが、財務モデリング開始前にどちらがどの部分のモデリングを担当するのかについて、クライアントを交えて十分にディスカッションする必要があります。実務上特によく見かける問題としては、オペレーティング・モデルでは売上高から売上総利益までを対象としているが、ファイナンシャル・モデルでは、EBITDA から当期純利益までしか対象としておらず、売上総利益から EBITDA までの販売費及び一般管理費項目がいずれの財務モデリングでもカバーされず、いわゆる「ポテンヒット」が起きてしまうケースです。また、両者がそれぞれに自社が作りやすいように財務モデルを構築してしまい、結果として連携しにくいフォーマットにしてしまうようなケースも実務上多く見受けられます。

　そのため、オペレーティング・モデルがたとえドラフト段階で未完成の段階で

あっても、ファイナンシャル・モデリングを担当するチームが、ファイナンシャル・モデルの構築に先駆けて作り込まれるオペレーティング・モデルを適宜レビューすることで、両チーム、さらにはプリンシパルである買い手側のチームの全当事者が財務モデルに関する理解を都度共通化していく必要があります。

5. 財務モデリングの登場人物

次に、財務モデリング実務にまつわる登場人物について解説します。

（ア） モデラー

まず、財務モデルの作り手が存在します。その作り手のことを「モデラー」と言います。モデラーはM&Aの売り手側のアドバイザリーとして、インフォメーション・メモランダムに掲載する財務モデルを作成する投資銀行や、上記のようにオペレーティング・モデルを作成する戦略系コンサルティング・ファーム、ファイナンシャル・モデルを作成する会計系コンサルティング・ファームなどのプロフェッショナル・ファームに存在します。また、事業会社で事業計画や予算、M&Aを担当する経営企画部や財務部、減損の検討を行う経理部、プロジェクト・ファイナンスを検討するインフラ事業部等にもモデラーは存在します。

財務モデルの巧拙は、モデラーの腕次第です。モデラーは、以下に挙げるような様々なスキルが求められます。

財務モデリングを進めるにあたっての方向性
- ① 財務モデリングを始める前に何をアウトプットすべきかを理解した上で財務モデルの全体像をイメージできる構想力
- ② 誰にでも理解でき、ミスを最小限に留めるモデルを作成できる事務処理能力
- ③ 限られた時間・労力・注意力を常に考慮して、有用で正確なモデルを保持できる管理能力

本書では、モデラーの持つべき上記スキルのうち②の事務処理能力を読者に身に付けてもらうことを目的としています。

（イ）　読み手（モデル・リーダー）

　次に、モデラーが作成した財務モデルを使用する人を「読み手」や「モデル・リーダー」と言います。モデラーが財務モデルを構築している時間よりも、読み手が財務モデルを使っている時間の方が圧倒的に長いです。そして、モデラーは基本的に一人である一方で、読み手は通常複数となります。さらに、読み手は、プロのモデラー出身者やエクセルや財務モデルに造詣が深い人ばかりではなく、Excelをほとんど触った経験のない人やモデルの構造を詳細に理解するまでの時間的余裕のないトップ・マネジメントである場合もあります。そのため、モデラーは、読み手が本当に知りたいことはどこにあるか？読み手がシミュレーション分析する時、財務モデルのどの部分をどういじったら良いのか？が明確になっている財務モデルを構築しなければなりません。そのため、モデラーは財務モデリングの過程においても常に読み手の視点から財務モデルを見直していく必要があります。

モデラーと読み手

モデラー		読み手
短時間	関与時間	長期
原則1名〜2名	関与人数	大勢
高度	スキル	必ずしも高くない

（ウ）　外部専門家

　少し切り口が異なりますが、最後の登場人物として、財務モデリングのプロフェッショナルが財務モデリングの実務においてどのような役割を果たすかについて解説します。

①　財務モデリング構築（モデリング業務）

　まず、スクラッチ（何もない状態）から財務モデルを構築する財務モデリング構築業務が挙げられます。業界では「モデリング業務」と呼ばれています。依頼

主である読み手が何を知りたいのかを把握し、入手できる情報や使える時間、費用の範囲で最大限有用なモデルを提供します。モデリング業務は、M&Aの検討を行う際や、予算作成に用いられるのが一般的です。予算編成の場合でよく見受けられるのは、従来より社内に財務モデル自体は存在しているものの、過去からの度重なる「増改築」によって、仕組みや構造がわかりにくくなってしまっているケースです。このような場合に、いわば財務モデリングの「匠」であるプロのモデラーに財務モデルのフルモデルチェンジを依頼されることも多くなりました。

　財務モデリングの構築を外部の専門家に依頼する場合は、M&Aや予算編成の初期の段階から、モデリングのプロフェッショナルにお声がけして、どのような（費用・時間）範囲でモデリングに関与させるのがコスト・ベネフィットの観点からベターになるのかを外部専門家とディスカッションの上検討していく必要があります。

②　モデル・レビュー

　次に、依頼主自身がモデラーとしてのスキルが十分備わっており、外部専門家に報酬を払ってまで財務モデリングをさせる意義に乏しいが、作成した財務モデルを誰かにチェックしてもらいたい場合、外部専門家に財務モデルにミスがないかを点検させることがあります。この業務は一般的にモデル・レビューと呼ばれています。外部専門家にスクラッチから財務モデリング業務を依頼するよりもモデル・レビュー業務のみを依頼する方が時間もコストも大幅に圧縮することができます。

③　トレーニング・サービス

　最後に、社内人材にモデラーとしてのスキルをできる限り多く体得させたい場合、財務モデリングに携わる社内人材向けに財務モデリングに関するトレーニング（研修）を提供するサービスもあります。仮にプロ級のモデラーのスキルまでに到達しなくても、財務モデリングを進めるうえでミスのリスクを最小限にするルールやよりスピーディにモデリングを行う技術などを社内人材が身に付けるだけでも相当な業務の効率化を達成することができます。その結果、定量分析に多くの時間やコストを費やしていた作業をより重要な定性的な分析（投資仮説の構築など）に充てられるので、「たかが研修」と軽視しえない効果があります。

6. 財務モデルの動作

　次に、財務モデルでは具体的にはどんなことが行れるのか?について説明します。繰り返しになりますが、財務モデリングとは、「将来の予測を数値で表現する一連の作業」です。では、この一連の作業の中で、どのような動作が行われているのでしょうか。その答えは「将来どれくらいの利益やキャッシュ・フローを稼ぐことができるかを予測するために、その予測の前提となる条件を数値と言う形で『インプット』し、これに基づいて主要な財務項目を『計算』し、財務諸表として『アウトプット』すること」なのです。

　ここで前述の定義付けで強調されている『インプット』、『計算』及び『アウトプット』こそが、財務モデリングにおける三大動作です。自動車の運転で言うところの『認知』、『判断』、『操作』と同じイメージです。ではこれら財務モデリングの三動作が具体的に何なのか?について、以下のようにまとめました。

各財務モデルのインプット・計算・アウトプットの例

	インプット	計算	アウトプット
コーポレート・ファイナンス・モデル	✓ 過去実績財務数値 ✓ 売上単価 ✓ 販売数量 ✓ 決済期間 ✓ 耐用年数	✓ 単価×数量 ✓ 売上高×回転率 ✓ 減価償却費の計算	✓ 売上高 ✓ 運転資本（売掛金等） ✓ 固定資産
プロジェクト・ファイナンス・モデル	✓ 商業稼働日 ✓ プロジェクト期間 ✓ 大規模メンテナンス周期 ✓ 利率等の融資条件 ✓ 配当性向	✓ 毎期の元利支払い計算 ✓ メンテナンス引当て ✓ コベナンツを考慮した配当計算	✓ IRR ✓ D/Eレシオ ✓ DSCR ✓ ICR
DCFモデル	✓ 評価基準日 ✓ 評価基準日時点の貸借対照表 ✓ アンレバード・ベータ ✓ 継続成長率 ✓ ネット・デットの額	✓ フリー・キャッシュ・フローの計算 ✓ WACCの計算 ✓ 継続価値の計算	✓ 事業価値（EV） ✓ 株主資本価値
LBOモデル	✓ 想定買収額 ✓ D/Eレシオ ✓ 売却時期 ✓ 売却時の想定株価倍率 ✓ LBOローンの返済条件	✓ 毎期の元利支払い計算 ✓ 株主が得られる配当額の計算 ✓ 株式売却額の計算 ✓ のれんの償却計算	✓ IRR ✓ CCR

　つまり、財務モデルごとに、何を『インプット』して『計算』し、『アウトプット』するのかが異なってきます。例えば『インプット』について言えば、コーポレート・ファイナンス・モデルのように、過去から続く事業をモデリングするのであれば過去の決算書数値も『インプット』に含まれます。また、DCF モデルにおいて、割引率を算定するために、評価対象事業が存在する国・地方のリスク・フリー・レートやその他割引率の構成要素も『インプット』に該当します。次に『計算』については、コーポレート・ファイナンス・モデルやプロジェクト・ファイナンス・

モデルのように財務諸表の項目を計算することを主たる目的とする場合もあれば、DCF モデルでは継続価値の計算がなされるケースや、LBO モデルのように、IRR（内部収益率。Internal Rate of Return）の計算がなされるケースもあります。最後の『アウトプット』については、どの財務モデルも基本的には『財務三表』、すなわちキャッシュ・フロー計算書、損益計算書及び貸借対照表が含まれます。また、成長率や利益率等の『財務比率分析』が含まれることもあります。一方で、財務モデリングが M&A を実行するか否かを判断するために用いられるのであれば、LBO モデルにおける IRR や DCF 分析における事業価値や株主資本価値がより重要な『アウトプット』として必要となります。

　そして、財務モデルを如何に使いやすいものにできるか否かは、この三動作『インプット』、『計算』及び『アウトプット』をどの程度明確に区分することができるかによって決まります。この点については、後述の「丸の内ルール」において詳述したいと思います。

7. 財務モデルの要件

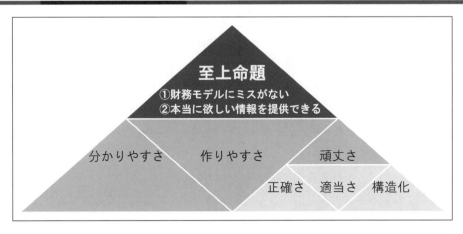

　最後に「財務モデルと言えるためにはどんな性質を持っていなければならないのか？」について解説します。詳細は丸の内ルールの各パートで説明し、ここではマクロ的視点から財務モデルの「要件」について解説します。

　繰り返しとなりますが、「財務モデリング」の目的は、「経営者（読み手）が将来のリスクを定量化し、今何をすべきかについての有用な情報を提供する」ことです。この目的を達成するには、財務モデルが以下の二つの命題を満たしている

ことが必要となります。

> **財務モデルの命題**
> ① 財務モデルにミスがないこと
> ② 本当に欲しい情報を提供できること

　この二つの命題のみではやや抽象的です。そのため、より具体的で直感的に理解できるよう、上記の二つの命題を以下の通り三つの要件に『因数分解』して解説します。

> **財務モデルの3要件**
> （1） 分かりやすさ（透明性："Transparency"）
> （2） 作りやすさ（柔軟性："Flexibility"）
> （3） 頑丈さ（堅牢性："Robustness"）

（1）　分かりやすさ（透明性："Transparency"）

　まず、財務モデルは、読み手にとって見たい・知りたい結果が分かりやすく表現（アウトプット）される必要があります。前述の通り、財務モデルは、モデラーが構築している時間よりも、読み手が使っている時間の方が圧倒的に長いのです。これは、読み手が気になる主要な前提条件（インプット）がどの程度変動したらどの程度結果（アウトプット）にインパクトがあるか、いわゆるシミュレーション分析に多く時間を費やすことを意味しています。その際、どこに前提条件を『インプット』し、それらを用いてどこでどのように『計算』が行われているかを（ざっくりで良いので）理解することができ、その結果がどこに『アウトプット』されるのか、が読み手にとって分かりやすい財務モデルを構築する必要があります。加えて、モデラーは、必ずしもExcelに精通しているとは限らない読み手が長い期間使用することを想定して財務モデリングをしていくことになります。

分かりやすさとは	
インプット	どこに前提条件を入力するか？
計算	どのような計算をするのか？ どこから参照されているのか？
アウトプット	どこに結果が出力されるのか？

　また、この「分かりやすさ」と言う要件は、筆者の財務モデリング実務上しばしばモデラー側にとっても重要な意味を持つことがあります。前述の通りモデラーは原則一人です。しかしながら、そのモデラーが財務モデリングの途中で部署異動してしまったり、退職してしまったりすることも少なくありません。その場合、それまでその財務モデリングに関与していなかったいわば赤の他人が作業を引き継がなければならなくなります。最悪のケースでは、外資系投資銀行等である日突然担当モデラーがクビになってしまい、引継ぎされないまま他の担当者に財務モデリングの責任が移ってしまうこともあります。いずれにせよ、モデラーの観点からも財務モデルが、どこのシートで何の計算がなされていて、その計算の結果が何処に飛んでいるのか、について分かりやすくモデリングされている必要が出てくるのです。

（2）　作りやすさ（柔軟性："Flexibility"）

　筆者の実務経験上、財務モデリングは十中八九、最初から必要な情報が全て揃った状態で開始されることはありません。むしろ、M&Aの買い手候補側で将来予測を検証しようとしても、売り手側からの情報提供が最後まで限定的であるなど、終始手探り状態でスタートしなければならないケースがほとんどと想定しておいた方が良いでしょう。簡単な事例で言えば、当初は販売単価と販売数量の情報が提供されなかったため、売上高そのものを前年度比の成長率でもとめる財務モデリングを構想していたら、案件終盤になって販売単価と販売数量の情報が提供されるようなケースや、当初KPIを動画チャンネルの再生回数と想定していたが、BDDを進めていく過程で、同時接続者数（動画の生放送の視聴者数）の方がKPI

としてよりふさわしいと判明するようなケースなどがあります。そのため、財務モデリングにおいては、着手当初の財務モデルの構想デザインから途中で修正されていくのは、もはやルーティンの一つと考えていた方が良いでしょう。（もっとも世の中のほぼ全ての「仕事」も同様ですね。）そのため、財務モデルを途中で修正しようと思っても、行や列を挿入する余裕がないようなモデルを構築してしまうと、財務モデルの修正が困難になってしまいます。そのため、モデラーは大幅な修正をいつ何時もとめられても対応できるよう、シートにおいても精神衛生面においても余裕を持って財務モデリングに取り組む必要があるのです。

（3） 頑丈さ（堅牢性：”Robustness”）

　財務モデルと言ういわば無形のものに「頑丈さ」と言う概念はしっくりこないかもしれません。ここで言う財務モデルの「頑丈さ」とは、財務モデルにミスが発生することを防止でき、かつ、既に潜んでいるミスを発見しやすい状態のことです。

　世の中に存在するほぼ全ての財務モデルには、（どれだけ注意深く点検したとしても）ミスが潜んでいます（財務モデリングにおけるミスに関しては後ほど詳述します）。財務モデリングの実務では、ミスの発生を如何に未然に防ぐか、若しくは潜んでいるミスを如何に見逃さずに発見できるか、が終始重要となってきます。

　では、この財務モデルの「頑丈さ」はどのように得ることができるのか？それは、この「頑丈さ」をさらに細分化した以下の三つの要件、すなわち、「正確さ」、「適当さ」及び「構造化」を満たすことで得ることができます。

堅牢性の3要件
- （ア）　正確さ（”Accuracy”）
- （イ）　適当さ（”Abstraction”）
- （ウ）　構造化（”Structured”）

（ア） 正確さ（”Accuracy”）

　財務モデルが有用であることの根幹をなす要素が「正確さ」です。数式が正しいか？参照している情報は正しいか？適切な関数を使っているか？は財務モデリングのプロセスで終始気を付ける必要があります。財務モデリング実務上、前述

の通り限られた時間・人手・情報の中では正確さの点検が端折られてしまうことも少なくありません。しかしながら、正確さに気を付けることは工場における安全確保のようなもので、財務モデリング実務上不可欠なものであることを覚えておいて下さい。

この「正確さ」を頻繁に脅かす要素の一つとして、財務モデル（その構成要素である数式を含む）が必要以上に複雑であることが挙げられます。財務モデルの複雑性と「正確さ」は反比例します。これを解決するコンセプトは KISS の原則ですが、後ほど解説します。

（イ）　適当さ（"Abstraction"）

財務モデルにおいて、現実に起きている出来事をより忠実に反映することができれば、言うまでもなくより有用な情報の提供に役立たせることができると言えます。しかし、現実には限られた時間の中で財務モデリングを遂行しなければならず、意思決定を左右するほどの影響力を持たない前提条件までも財務モデル上詳らかに反映することはほとんどありません。意思決定に影響が乏しいようなシミュレーションを行う時間を、より意思決定に影響のある事象の分析などに充てるべきです。また、意思決定に資すると言う財務モデルの目的を鑑みれば、必要以上に複雑となった財務モデルを構築することは、結果として無駄に細かい財務モデルを必要以上の時間をかけて構築してしまうことになります。加えて、必要以上に複雑な財務モデルは、前述の通り無駄にミスの可能性を高めてしまいます。そのため、意思決定への影響度などを勘案して、現実を一定程度「適当に」抽象化して財務モデルに落とし込むことが必要になります。そのため、モデラーも読み手もどのパラメーターが重要かと言う点を財務モデリングの期間において常にコミュニケーションを取り合い、財務モデルを構築しレビューしていく必要があります。

（ウ）　構造化（"Structured"）

財務モデルを必要とするシチュエーションは、前述の通り中長期的な事業計画を策定する時や M&A を検討する時など、時間や労力、費用が比較的限られた状態であることが一般的です。その限られた経営資源の中で如何に正しい入力や計算を効果的かつ効率的に行うことができるのかが財務モデリングにおける重要な

ポイントとなります。また、モデラーによって一通り構築された財務モデルは、正確に作りこまれているか、必要なアウトプットが含まれているかなどの点検やレビューをモデラー以外の人間に委ねることが一般的です。さらに、前述の通り、モデラーが異動や突然の退職してしまうことで、財務モデルが仕掛中の段階で他のモデラーに引き継がれることも少なくありません。これらのケースのように、財務モデルがモデラー以外の人に見られる場合は、財務モデル自体が（モデラーを含む）誰にとっても分かりやすく作られている必要があります。前述の「分かりやすさ」で解説した通り、財務モデルは、インプットがどこに入力され、どのインプットを用いてどのような計算を経て、その結果どこにアウトプットされているのか？が分かりやすく、かつ、後追いしやすいものでなければなりません。

そこで、モデラーは財務モデルを一定程度、すなわち、「財務モデルの目的を損なわない範囲で効率的」に行うため、入力セルの場所、数式の組み方、他のシートへの飛ばし方、見え方などについて規則立ててモデリングされるよう、考えつつ、かつ、一定のルールに従いつつ構築していく必要があります。この財務モデルの規則立てのことを「構造化」と言います。

8. 財務モデルの方向性

以上、財務モデルの要件を一定程度体系立てて解説しましたが、その内容自体を完璧に理解しないと良い財務モデリングができない、と言うものではなく、あくまで以下のような、財務モデリングを進めるに当たっての方向性やイメージ感を持って頂くことが重要です。

財務モデリングを進めるに当たっての方向性
① 「役に立つ」財務モデルを提供する。
② 「役に立つ」とは、ミスがなく、欲しい情報が手に入ること。
③ そのためには、「分かりやすさ」、「作りやすさ」及び「頑丈さ」が必要。
④ そして「頑丈さ」を得るためには「正確さ」、「適当さ」及び「構造化」が必要。

財務モデルの三要件は相互にベクトルが伸びていて、お互いの要件を満たすための必要十分条件になっています。

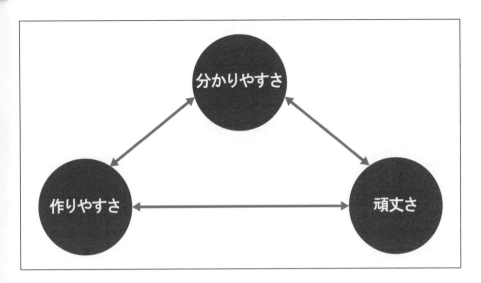

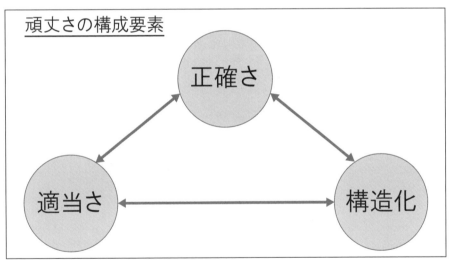

頑丈さの構成要素

　「作りやすい」財務モデルは結果として「分かりやすく」、「頑丈な」財務モデルになります。「適当」に「正確」で「構造化」された「頑丈な」財務モデルは、結果として「作りやすく」、かつ、「分かりやすい」財務モデルになります。あとは、モデラーが財務モデルの読み手が何を知りたいのか？何を知るべきなのか？を常に意識しながら実際の Excel 作業を進めるのみです。

　以上本章では財務モデルについて様々な切り口から解説しました。そして次章から、本章の最後で解説した財務モデルが、三要件「分かりやすさ」、「作りやすさ」

及び「頑丈さ」を得るために役立つベストプラクティス「丸の内ルール」について解説します。

第3章

「丸の内ルール」の
根本思想

「丸の内ルール」の根本思想

1. ミスとの戦い

　財務モデリングは、「ミスとの戦い」を避けて通ることはできません。現在の我が国での財務モデリングは、Excel を用いて行われるのが一般的です。Excel は、どのシートのどのセルにどんな計算式を入れてどのように結果を表すのか？等に関しては、使い手の自由裁量で作成可能な大変便利なものです。しかしながら、自由であるということは、使い手によっては無秩序に構築されてしまうという危険性を孕んでいます。

> **ミスとの戦い**
>
> 　Excel はフリーダム　≒　ミスが増える

　自由度の高さは、結果として「ミス」の発生リスクを高めることになります。Excel を用いた財務モデリングにおける典型的なミスを以下の通り列挙します。

> **財務モデリング上の典型的なミス**
>
> ① 手入力の際に桁間違いなど単純なインプットミスをしてしまう。
>
> ② 他のセルを参照しようとして誤って別のセルを参照してしまう。
>
> ③ 理論上マイナスとなりえない指標の結果がマイナスとなってしまう。
>
> ④ そもそもの因数分解が誤っていたために計算式は正しいもののアウトプットが意味のないものになってしまう。

　このように Excel で財務モデリングを行うときはあらゆるミスがあらゆる場所であらゆるタイミングで発生します。

2. なぜミスは起きるのか

　ダートマス大学のタック・スクールの調査によれば、スプレッドシートの 94%にはエラーが含まれており、また、セルに含まれる数式には 5.2% のエラーが存在すると言う調査結果があります。(Errors in Operational Spreadsheets; Stephen G.

Powell, Kenneth R. Baker, Barry Lawson, Dartmouth College, USA; 2009）また、ハワイ大学シドラー・カレッジ・オブ・ビジネスの Raymond Panko 教授によれば、スプレッドシートのエラーについて以下のような結論を述べています。（http://panko.shidler.hawaii.edu/）

① すべてのスプレッドシートにエラーが含まれている。
② エラーを発見して訂正することは困難である。
③ モデラーや企業は、スプレッドシートの正確さに過信している。
④ よって、問題はスプレッドシートにエラーが含まれているか否かではなく、幾つのエラーが含まれているか、である。

　では、なぜ財務モデリングにおいてミスが発生してしまうのか？筆者は財務モデリングの実務経験に基づき、ミスの発生する主な原因を以下の通りと考えます。

財務モデリング上のミスの主な原因
（1）　精神的プレッシャー・肉体的疲労
（2）　不十分な引継ぎ
（3）　過信
（4）　ファイナンス・税務・会計などの基礎的な理解の欠如
（5）　財務モデリングのベストプラクティスの欠如

（1）　精神的プレッシャー・肉体的疲労
　前述の通り、財務モデリングは限られた時間・労力・費用の中で、精神的プレッシャーを感じながら成し遂げなければならない過酷な業務です。焦るあまり、無秩序にスプレッドシートを作成してしまい、翌日見直してみると作った本人が見ても何が何だかよくわからない Excel シートになっていた、と言う経験に心当たりがある読者もいるかもしれません。筆者も社会人になりたての頃何度も経験しました。また、提出期限が近づいてくると、深夜残業や徹夜して対応しなければならないこともあります。その結果、モデラーは肉体的にも精神的も追い込まれてしまい、注意力が低下して、財務モデルのミスの発生を予防できず、かつ、それらのミスを見逃してしまうことに繋がってしまいます。

（2） 不十分な引継ぎ

　前述のように財務モデルを途中でモデラーが異動や退職してしまったことによって複数のモデラーが関与せざるを得なかったケースでも、引継ぎが不十分な場合、「ミス」を誘発する要因となります。

（3） 過信

　財務モデルの読み手は、複雑な数式がモデルに含まれていても、その数式を注意深くチェックしないことが少なくありません。これは我が国だけではなくアメリカやその他の国でも起きています。なぜこのような現象が起きてしまうのか？その理由として最初に思い付くのが、「面倒くさい」と言う至極真っ当（？）なものがありますがそれだけではありません。さらに深刻な理由は「こんなに複雑な数式を組めるほどのスキルがあるのだからきっと正しく組まれているだろう」という過信（過度な楽観主義）によるものがあるのです。

（4） ファイナンス・税務・会計などの基礎的な理解の欠如

　財務モデリングに携わる人の全てがファイナンスのプロや税理士、会計士とは限りません。もちろん財務モデリングに携わる人の全てがそれらのプロフェッショナルである必要はありません。しかしながら、財務モデリングにおいては、ファイナンス・税務・会計について最低限の基礎的な理解は必要となります。ファイナンスであれば、デット（借入金）とエクイティ（資本）の違い、税務であれば法人税の計算のコンセプト、凡その税率、会計であれば運転資本や減価償却費の計算コンセプト、P/L 項目と運転資本・固定資産との大まかな連動、ひいては利益とキャッシュ・フローの違いについてのイメージを持っていた方がベターです。このような基礎的理解がないと、財務モデルを構築している時に、ある項目の数値を変えると、本来変わるはずの（又は変わるべきはない）項目が変わらない（又は変わってしまう）と言うミスの兆候を見逃してしまいます。

（5） 財務モデリングのベストプラクティスの欠如

　最後に挙げるミスを引き起こす原因は、財務モデリングについてのベストプラクティスが我が国では依然確立しきれていない、と言うものです。筆者は財務モデリングの実務経験を通じて、過度に複雑なモデル、レイアウトが乱雑なモデル、

フォーマットが統一されていないモデルなど様々な財務モデルに遭遇してきました。言うまでもなく、これらの財務モデルはエラーを誘発するリスクが高いです。

　ではこのようなミスのリスクが高い財務モデルを構築したモデラーが「仕事ができない」と責められるべきかと言うと、筆者は必ずしもそうではないと考えます。より根本的な原因は、「ミスが発生しにくいベストプラクティスが一般社会で共通化されていない」ことです。我が国では、財務モデリングのベストプラクティスは、投資銀行や会計系コンサルティング・ファーム出身者などの一部のプロフェッショナルで共有されているのみで、その他多くの企業では未だ十分に共有されているとは言えないのが現状です。共通化されたベストプラクティスがない結果、それぞれのモデラーがそれぞれの好みに従った財務モデリングを行い、完成した「個性豊かな」財務モデルを読み手が使用する際に混乱が生じてしまいます。

3.　KISS の原則

　では、前述の財務モデリングにおける「ミスとの戦い」を如何に勝ち抜くか？そのために必要な発想が KISS の原則です。KISS と言っても、残念ながら何か楽しげな意味が含まれているわけではありません。KISS とは、"Keep it short and simple."（「簡潔に単純にしなさい」）の略です。もしくは、"Keep it simple, stupid!"（「シンプルにしておけ、この間抜け！」）の略とも言われています。但し後者を略さずにオフィスで叫んでしまうとパワハラ認定されるおそれがありますのでご注意下さい。話は元に戻して、KISS に原則に則って財務モデルを最大限シンプルに作り、セルに入力される数式も極力短く、使われる関数も極力簡単なものを使用することで、ミスを未然に防止することができ、適時に発見することができ、結果として財務モデルに潜んでいるミスを減らすことができる可能性が高まるのです。

4.　「丸の内ルール」とは

　本書では、筆者の過去の財務モデリングの実務経験に基づいて KISS の原則を財務モデリングにおいて具現化したベストプラクティス「丸の内ルール」について解説します。この丸の内ルールによって、限られた時間の中でも分かりやすく、作りやすく、頑丈な（適度に正確で構造化された）財務モデルを仕上げることができます。本書を何度も読み終えた時、読者が極力シンプルに、そして最大限分

かりやすく有用な財務モデルを構築するために必要な最低限のスキルを身に付けていることになります。

5. 「丸の内ルール」の構成

丸の内ルールの構成
- ① ブックのお作法
- ② シートのお作法
- ③ 数式のお作法
- ④ セルのお作法

「丸の内ルール」はファイル全体（ブック）に当てはまるものからセルの入力のお作法まで様々なものが存在します。本書では、そのうち筆者が特に広く普及して欲しいと考えたルールを抜粋し、上記のような分野ごとに体系立てて個別に解説します。

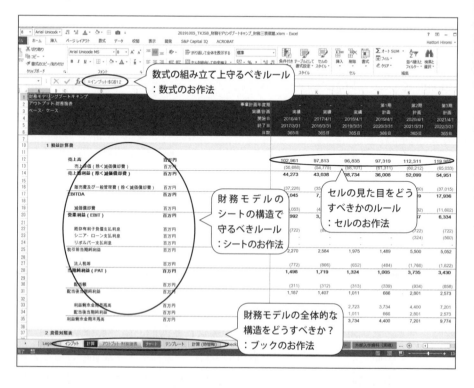

6. 「丸の内ルール」は絶対的存在か？

　財務モデリングを進めるに当たっては、原則的には「丸の内ルール」にのっとることをお薦めします。しかしながら、「丸の内ルール」は常に万能なものではなく、また、唯一絶対の強制ルールでもありません。

　例えば、非常に簡素な財務モデリングを行うだけなのに、仰々しく厳密に全てのルールに従うことは、時間や労力が必要以上にかかってしまい、かえって業務の効率性を損ねてしまいます。このような場合はモデラー自身の基礎的な仕事の能力（知識、注意力など）と相談しながら、ミスを最小限に抑えられる範囲で多少ルールを省いてしまっても問題ありません。

　また、読者が過去に財務モデリング実務を既に多く手掛けていて、その実務経験の中で本書において解説する「丸の内ルール」と異なる手法が既に習慣となっていることもあるかと思います。「今までのやり方でもう慣れてしまっているし、ミスも十分防げているから今更やり方を変えてしまうのもなあ…。」と言う意見もあって当然です。その場合は、読者自身が「自分にとってよりミスのリスクを抑えられるのはどちらか？読み手にとってより分かりやすいのはどっちか？」と考え、取捨選択してもらえたら良いと筆者は考えます。また、中級レベル以上のモデラーの読者にとっては、今日現在までに自身が培ってきた財務モデリングの知識や技術がより優れていることもあるかもしれません。もし、「丸の内ルール」よりもベターな技術・知恵・コツがあれば是非筆者まで提案して頂きたいと思います。これらの有意義なディスカッションを通じて、我が国の財務モデリングの実務レベルが向上していくことを筆者は切に願うところです。

7. 「丸の内ルール」の解説ページの構成

（ア）　イメージ図

　前述の通り財務モデリングは「Excel で実践あるのみ」です。そのため、各ルールを解説する前に Excel の画面などでビジュアルのイメージを頭の中に持ってもらうべく、冒頭で図を示します。丸の内ルールの個々の説明自体は極力短く解説するように努めています。しかしながら、もし読み進めていて現在地が分からなくなってしまった場合は、冒頭のイメージ図に戻り、「現在地」を確認して下さい。

（イ）　キー・メッセージ

　次に解説の内容を三行以内にまとめたキー・メッセージを記載しています。一度読み終えてから見直す際に、再び一から解説を読む時間はない、と言う読者はこちらのキー・メッセージを確認すれば済みます。

（ウ）　便利な Tips

　解説の対象としている丸の内ルールを実践するために便利な操作をいくつか挙げています。ほとんどがショートカットや Alt キーから始まる操作です。ここで挙げられる操作はいわばピアノのバイエルのようなものです。解説を読み終えたら、挙げられている Tips 操作を 5 回程度繰り返し練習してみましょう。

　「プロフェッショナルですら相当苦労している財務モデリングを自分が身に付けるのは正直しんどいのでは？」と感じた読者もいるかもしれません。しかしながら、財務モデリングで必要な機能・関数・技術・知識は非常に限定的であり、また、シンプル化してミスのリスクを最小限に抑えるためのコツ自体も知ってしまえばどうと言うことはないものばかりです。「丸の内ルール」を習得して、モデラーとしての第一歩を踏み出してみましょう。

第4章

丸の内ルール・
お作法

01 ブックのお作法：
役割別にシートを分ける

キーメッセージ

① **Excel モデリングの三大動作『インプット』→『計算』→『アウトプット』ごとに シートを分ける。**

② **役割ごとにシートを分けることで読み手にもモデルの構造が分かりやすく、ミス も発見しやすくなる。**

便利な Tips

① [Shift] + [F11]：新しいシートを挿入する。

② [Ctrl] +シートをドラッグ＆ドロップ：シートをコピーする。

1. Excel モデリングの操作の三大行動

前述の通り、Excel で行われる動作は、以下の3つの行動に分けることができま す。

Excel モデリングの操作の三大行動

① 文字や数値を手入力する。　　インプット

② 数式で計算する。　　　　　　計算

③ 計算結果を表示する。　　　　アウトプット

これらの動作はそれぞれ①インプット、②計算、③アウトプットと呼ばれます。 我々は Excel を使用する時、無意識にインプットし、計算し、アウトプットして いるのです。

Excel を用いて決算情報を集計したり、将来予測のシミュレーションをしたり、 家計簿をつけていたりすると、処理する情報量が徐々に多くなっていきます。また、 集計する範囲や分析の切り口が増えていき、Excel がどんどん『複雑』になってい きます。その結果、修正したり理解したりすることがさらに難しい Excel ができ てしまうことになります。

ここで言う『複雑』とは何か？それは、『シート中のいたるところで手入力して いるセル、計算しているセル、集計しているセルが無造作に無秩序に存在している』 状態のことだと言うことができます。これを解決するにはどうしたらよいのか？

2. 財務モデル上のシートの種類

　それは、Excel モデルの構造を上記の三動作①インプット、②計算、③アウトプットごとに明確に分けてしまうことが考えられます。つまり、シートを「インプットシート」、「計算シート」そして「アウトプットシート」と分け、それぞれのシートで「インプットするだけ」、「計算するだけ」そして「結果を表すだけ」と役割を分担してしまうのです。

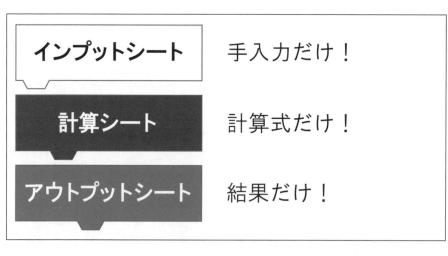

　財務モデリングとは、前述の通り過去実績や主要な前提条件を「インプット」し、前提条件を使って必要な「計算」を行い、意思決定に必要な情報を「アウトプット」するプロセスです。財務モデル上の主要な登場項目をこれらのプロセスごとに分けると下記の通りとなります。

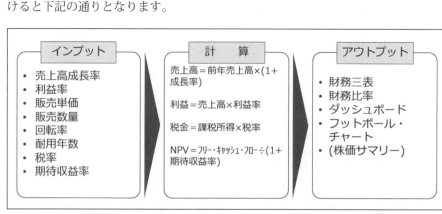

　例えば財務モデルで（極めてシンプルに）売上高を算定する場合、前提条件として「売上高成長率」と言う『インプット』を用いて、前期の売上高に（1を加えて）乗じる『計算』を行い、財務三表の一つ損益計算書の「売上高」と言う結果で『アウトプット』する、と言うプロセスを踏んでいるのです。そしてこれらの3つのプロセスをそれぞれ独立した別のシートで行う、と言うのがこのルールなのです。

　それぞれのシートの解説をする前に、なぜ役割別にシートを分けた方が良いのか？について説明します。

3.　なぜシートを分けるのか

　シートを役割別に分けるという実務は、財務モデリングのプロフェッショナルの間では既に実務として定着しつつあります。では、そもそもなぜ「インプット」、「計算」及び「アウトプット」とシートを分けなければならないのでしょうか？

> **シートを分ける理由：財務モデルの構造がシンプルになる。その結果・・・**
> ① 財務モデルへの追加・修正・削除がしやすくなる。
> ② 読み手が財務モデルをレビューしやすくなる。

　一つ目の理由は、財務モデルの構造がシンプルになるということです。その結果、財務モデルを一旦作り終えた後でも修正がしやすくなります。前提条件を追加したい場合、インプットシートに追加で手入力します。より深い分析をするために計算を修正したい場合は計算シートに追加します。財務三表のみならず比率分析やIRR分析を表示したい場合にはアウトプットシートに追加します。このようにどのシートで何をすべきかが明確になります。

　二つ目の理由は、モデラー以外の第三者（読み手）が財務モデルをレビューしやすくなるということです。読み手が財務モデルを理解したりチェックしたりする時も、どこで何が行われているのか？どこを見なければならないのか？が明確になります。より具体的に説明するため、読み手が財務モデルを点検するケースを例に解説します。

　財務モデリングの最大の敵である「ミス」は、以下の三つの「ミス」に分類されます。

ミスの種類	ミスの例	ミスのありか
• 数値の入力ミス	（桁間違い，プラスマイナスが逆）	インプットシート
• 数式のミス	（ロジックエラー，リンクミス）	計算シート
• 見せ方のミス	（リンクミス，知識誤り）	アウトプットシート

　これらのミスがないか点検する際、頭の中の検査モードを「手入力ミスがないか、計算ロジックが誤っていないか、流動資産項目に流動負債項目が含まれていないか…」と様々なタイプのミスを発見するように意識しなければならず、これには高度の集中力を要し、相当の精神力の消耗を伴います。

　そこで、手入力した情報のみが集約されたインプットシート、数式のみ入力されている計算シート、結果だけが載っているアウトプットシートとそれぞれを独立させて財務モデリングをしていれば、手入力のミスの点検の場合はインプットシートをチェックすれば済み、計算やリンクミスの点検の場合は計算シートをチェックし、決算項目の表示ミスの点検の場合はアウトプットシート点検すれば良いのです。このようにシートによって潜んでいるミスの種類が分かれていれば、チェックする人の頭の検査モードにおいて想定するミスの種類を絞ることができます。その結果、ミスを見つけるスピードは圧倒的に速く、ミスの検査精度も上がり、モデラーやチェック担当者の労力やストレスも軽減することができます。

　実際の財務モデリング実務では、手入力される前提条件と計算式、アウトプットとしての決算数値が同じシートに雑然と組み込まれているものを多く見かけます。これは、モデラーが限られた時間の中で財務モデリングをしなければならないため、シートを複数に分けるよりも一枚のシートの中で全部を完結する方がより速く作業が終了すると考えるためです。これは至極真っ当な理由です。一方で、財務モデリングの実務においては、時の経過と共に見たいアウトプットが変わったり、より詳細な計算が求められることが通常です。つまり、財務モデリングは、「作りこみながら当初の設計から何度も手直しが起きる作業」であることを念頭に

置かなければならないのです。また、財務モデルは「作ること」が目的ではなく「読み手に見て使ってもらう」ことを目的としていることを意識して「知りたいことがパッと見で伝わるか」を意識してモデリングしていかなければなりません。次の項より各シートについて解説します。

4.　インプットシート

『手入力はここだけ！』

インプットシートには、主要な前提条件や過去実績数値等が手入力されることとなります。プロのモデラーは、手入力のことを「ハードコード」（Hard coded）と呼んだりしています。言い換えるとインプットシートには計算式は一切含まれないことになります。

（ア）　主要な前提条件

主要な前提条件とは、財務モデルの結果を構成する要素です。料理で言うところの原材料のようなものです。典型例としては、財務モデル上用いられる通貨や単位（百万円、千米ドル等）、売上高成長率、利益率、運転資本の回転期間、減価償却の年数、利率、D/E レシオ、配当性向、必要手許現預金残高、割引率、継続成長率、発行済株式総数等が挙げられます。前述の通り、主要な前提条件は、財務モデルの種類によって異なります。

また、主要な前提条件は、「変更」されることを想定するか否かによって分類されます。

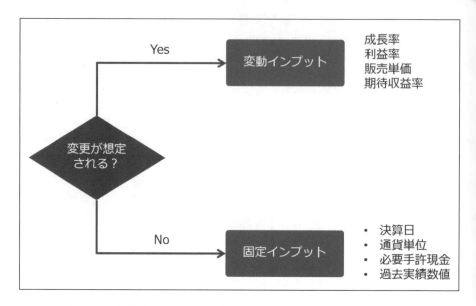

　変更されることが想定されるインプット項目を「変動インプット」、想定されないインプット項目を「固定インプット」と呼びます。

　変動インプットは、将来の財務数値を予測する上で重要であるものの、予測が困難であるため、読み手が様々なケースを想定したシミュレーションを行うために「変更」されます。つまり、インプットシートに入力される変動パラメーターとは、「将来の不確実性の高いものは何か？そしてそれらの不確実性をどう見ているのか？」が集約されたものです。つまり、このインプットシート1枚に読み手が「将来をどう見ているのか」が集約されることになるのです。

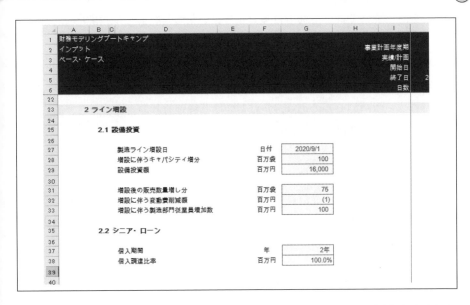

次に固定インプットの例としては、決算日や通貨単位のほか、税法上定められる減価償却の償却年数や実効税率、源泉税率等が挙げられます。

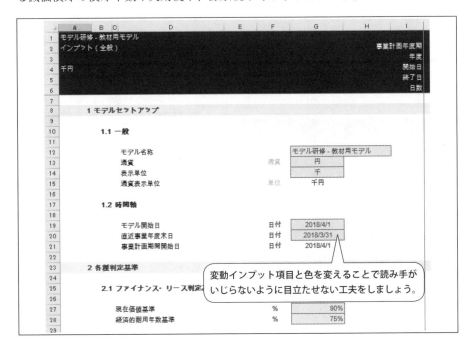

入力すべきパラメーターが多くなってしまうような場合、変動パラメーターと

固定パラメーターでシートを分けることも良いかもしれません。また、変動パラメーターのセルと固定パラメーターのセルの書式を異なるものにして、読み手がどこをいじれば良いのか又はいじってはいけないのかを明確にしておきましょう。セルの書式の例は後述の丸の内ルールで説明しますが、先んじて説明しますと、変動パラメーターのセルの書式設定は黄色塗り枠線有りの青文字とし、固定パラメーターのセルの書式設定は灰色塗り枠線有りの青文字として下さい。

（イ）　過去実績数値

　過去の財務諸表数値や従業員数、製造量などは、変動パラメーターのように変更される余地はありません（財務数値の場合 IFRS でもとめられるような遡及修正の可能性はありますが）。そのため、過去実績数値は性質上固定インプットに属します。

5.　計算シート

『計算はここだけ！』

　次に計算シートについて解説します。この計算シートには以下の 2 つの種類のセルしか存在しません。

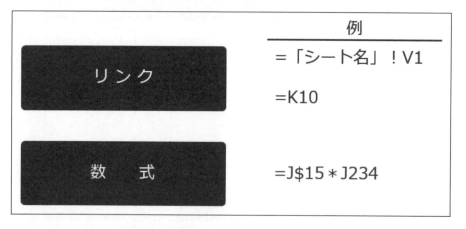

	例
リンク	=「シート名」！V1 =K10
数　式	=J$15＊J234

　計算シートを作成する上で重要なことは、「計算シートには手入力のインプットセルを作ってはならない」と言うことです。計算シートにインプットセルが存在すると、インプットシートをチェックし終えたとしても、計算シートに存在する

インプット項目のチェックが漏れてしまう可能性があるためです。

　その結果、計算シートのセルには、参照先のセル番地、参照先のシート名、関数、四則演算の演算子、カッコしか入力されないことになります。言い換えると32%（税率）や105（為替レート）などのベタ打ち数値が計算シートには存在しないことになります。これは、後述の丸の内ルール「数式内にベタ打ち禁止（地雷禁止）」にて解説します。

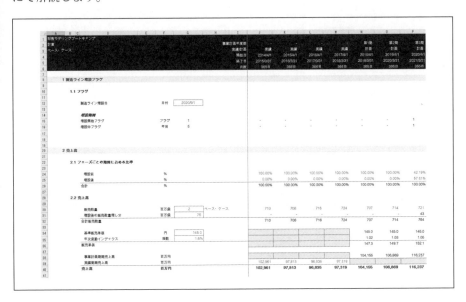

6. アウトプットシート

『見るのはここだけ！』

　最後にアウトプットシートについて解説します。基本的にはアウトプットシートに含まれるセルは計算シートを参照する（リンクする）数式のみです。例外として損益計算書の売上総利益や営業利益などの段階損益や貸借対照表の流動資産合計、固定資産合計などの合計項目は、単純な加減算の数式を用いて算出します。また、キャッシュ・フロー計算書における運転資本増減額などの前期末と当期末の貸借対照表の変動額に基づいて算定される項目は、貸借対照表の運転資本に該当する項目の当期末と前期末の残高の差額の数式を用いて算出されることもあります。

　いずれにせよ、読み手はアウトプットシートのみ見れば必要な情報が不足なく入手できるように構築する必要があります。

1　損益計算書

財務モデリングブートキャンプ Financials ベース・ケース	事業計画年度期 実績/計画 開始 終了日 日数	実績 2014/4/1 2015/3/31 365日	実績 2015/4/1 2016/3/31 366日	実績 2016/4/1 2017/3/31 365日	実績 2017/4/1 2018/3/31 365日	第1期 計画 2018/4/1 2019/3/31 365日	第2期 計画 2019/4/1 2020/3/31 366日	第3期 計画 2020/4/1 2021/3/31 365日
売上高	百万円	102,961	97,613	96,835	97,319	104,155	106,869	116,237
売上原価（除く減価償却費）	百万円	(58,688)	(54,775)	(58,101)	(61,511)	(58,039)	(60,392)	(63,316)
売上総利益（除く減価償却費）	百万円	44,273	43,038	38,734	36,008	46,116	46,478	52,921
販売費及び一般管理費（除く減価償却費）	百万円	(37,228)	(35,702)	(32,246)	(29,877)	(32,933)	(33,641)	(36,198)
EBITDA	百万円	7,045	7,336	6,488	6,131	13,483	12,837	16,723
減価償却費	百万円	(4,053)	(4,053)	(3,687)	(3,699)	(3,221)	(3,781)	(7,501)
営業利益（EBIT）	百万円	2,992	3,283	2,800	2,432	10,262	9,075	9,222
既存有利子負債支払利息	百万円	(722)	(699)	(525)	(543)	(722)	(722)	(722)
シニア・ローン支払利息	百万円	-	-	-	-	-	-	(524)
リボルバー支払利息	百万円	-	-	-	-	-	-	-
税引前当期純利益	百万円	2,270	2,584	1,975	1,489	9,540	8,353	8,176
法人税等	百万円	(772)	(866)	(652)	(484)	(3,062)	(2,681)	(2,625)
当期純利益（PAT）	百万円	1,498	1,719	1,324	1,005	6,477	5,672	5,552
配当額	百万円	(311)	(312)	(313)	(339)	(1,619)	(1,418)	(1,388)
配当後当期純利益	百万円	1,187	1,407	1,011	666	4,858	4,254	4,164
利益剰余金期首残高	百万円	130	1,317	2,723	3,734	4,400	9,258	13,512
配当後当期純利益	百万円	1,187	1,407	1,011	666	4,858	4,254	4,164
利益剰余金期末残高	百万円	1,317	2,723	3,734	4,400	9,258	13,512	17,675

5　DCF分析

5.1　事業価値

財務モデリングブートキャンプ Financials ベース・ケース	事業計画年度期 実績/計画 開始 終了日 日数	実績 2014/4/1 2015/3/31 365日	実績 2015/4/1 2016/3/31 365日	実績 2016/4/1 2017/3/31 365日	実績 2017/4/1 2018/3/31 365日	第1期 計画 2018/4/1 2019/3/31 365日	第2期 計画 2019/4/1 2020/3/31 366日	第3期 計画 2020/4/1 2021/3/31 365日	第4期 計画 2021/4/1 2022/3/31 365日	第5期 計画 2022/4/1 2023/3/31 365日
営業利益（EBIT）	百万円	2,992	3,283	2,800	2,432	10,262	9,075	9,222	10,632	10,184
法人税影響 32.1%	百万円	(960)	(1,054)	(899)	(781)	(3,394)	(2,913)	(2,960)	(3,413)	(3,269)
NOPAT	百万円	2,032	2,229	1,901	1,651	6,968	6,162	6,262	7,219	6,915
運転資本（増加）減少額	百万円					(167)	(276)	(1,729)	(1,362)	(552)
減価償却費	百万円					3,221	3,761	7,501	8,041	8,581
設備投資額	百万円					(2,700)	(2,700)	(16,700)	(2,700)	(2,700)
フリー・キャッシュ・フロー	百万円					7,322	6,947	(6,666)	11,198	12,244
割引ファクター 11.0%						0.901	0.812	0.731	0.659	0.593
割引後価値	百万円					6,597	5,638	(4,874)	7,383	7,266

	百万円
現在価値	34,082
継続価値	49,095
事業価値	83,175
有利子負債	(24,093)
現金及び預金	5,178
差引 必要手許現金	(7,000)
株主資本価値	57,270

株主資本価値感応度分析

		継続成長率				
		1.0%	1.5%	2.0%	2.5%	3.0%
割引率	9.0%	74,487	78,310	82,680	87,721	93,603
	10.0%	62,488	65,383	68,385	71,924	75,966
	11.0%	52,902	54,971	57,270	59,939	62,730
	12.0%	45,071	46,648	48,382	50,298	52,427
	13.0%	38,559	39,781	41,115	42,575	44,162

7.　その他のシート

　最後に必須ではないものの作っておくと便利なシートについて解説します。

（ア）　凡例シート

　財務モデルの一番前に挟んでおくと便利なシートがこの凡例シートです。後述の丸の内ルールでも解説しますが、財務モデルに含まれるセルはその性質ごとに見た目（セルの書式設定）を変える必要があります。その凡例を説明することが

この凡例シートの目的です。

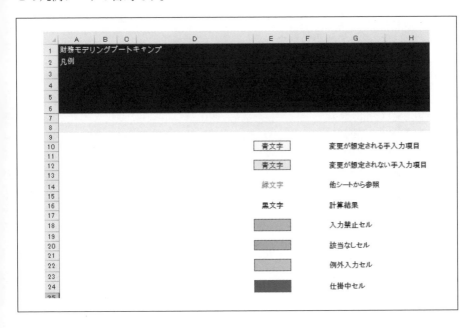

（イ）　テンプレートシート

　テンプレートは、その名の通りシートを増産していく際の基礎となるものです。テンプレートを作っておくことで、財務モデルをいちいちスクラッチから作成する手間が省くことができます。

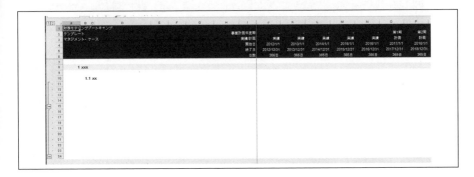

（ウ）　タイムラインシート

　タイムラインとは、財務モデル上の時間軸のことです。この時間軸には事業年度、

期数（第 X 期）、事業年度の開始日、終了日、実績期か計画期か、事業年度に属する暦日ベースの日数などが含まれます。具体的なタイムラインのモデリング方法については別の機会で解説します。

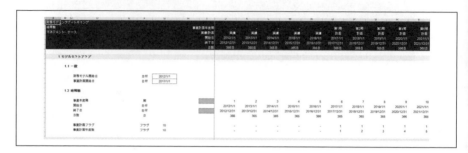

（エ） 点検シート

点検シートとは、計算シートやアウトプットシートにミスがないか、または、起きてはならないことが起きていないかを明らかにするシートのことです。ミスの代表例として貸借対照表がバランスしない、いわゆるアンバランスシートがあります。また、「起きてはならないこと」の例としては、資金ショートや、債務超過、営業赤字などが挙げられます。これらのミスや出来事が発生した場合、このシートを見れば一目瞭然で分かる、と言うのが点検シートの役割です。

8. シートタブの色分け

以上のようにシートにはインプット、計算、アウトプット等の様々な性質のものが存在します。そして、それぞれのシートの属性ごとにシートタブの色を分けておくと、モデラーにとっても読み手にとってもどこに何がしまってあるかが明確となり、より親切な財務モデルとなります。以下の設例はシートタブの色分け

例です。

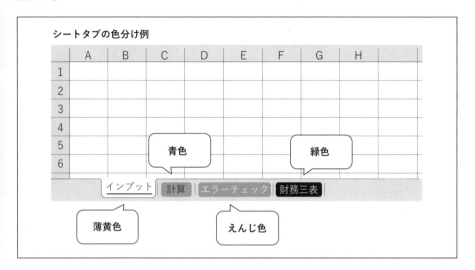

シートタブの色分け例

青色 **緑色**

インプット 計算 エラーチェック 財務三表

薄黄色 **えんじ色**

COLUMN　　実務あるある「情報をデータで入手できない時」

　固定インプットである過去実績数値はなるべく Excel ファイルで入手して、該当するシートを財務モデルに組み込みたいところです。可能な限り手入力・手作業を介入させずに済ませることでミスの発生リスクを低く抑えたいためです。一方で M&A の買い手候補にありがちな状況として、必ずしも売り手や買収対象企業の協力が得られないことがあります。その場合、過去実績数値は Excel や PDF ファイルでは入手できず、ハードコピーしか提供されないケースも少なくありません。そのような場合、モデラーは、提供されたハードコピーからインプットシートに手入力せざるを得ません。このように多くの手入力が発生する場合、すべからく手入力したモデラー以外の人による点検を受けるべきです。

　Excel 実務上このようにハードコピーから手入力するような場合、以下の設例のように手入力したシートをスキャン・撮影し、その画像を Excel 上新しいシートを設けて貼り付けておくと見直しの手間を省くことができます。

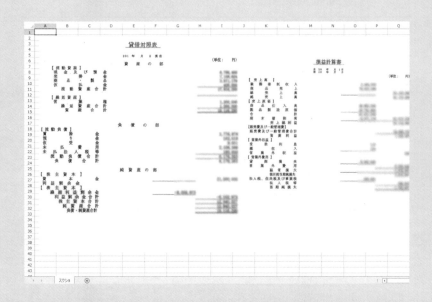

　また、過去実績数値を Excel で入手できたものの、その Excel ファイルが壮大な
モデルでファイルサイズも桁違いに大きいような場合も実務上悩ましいケースで
す。まず、シンプルな解決方法として、サイズが大きい Excel ファイルを財務モ
デルに組み込むことがまず思い浮かびます。当然ながらこの場合、財務モデルの
Excel のサイズも大きくなってしまいます。しかしながら、ファイルサイズが大き
くなる理由が「単なる過去実績数値を財務モデルに引っ張ってくるためだけ」と
言う点が本質的ではありません。機能以上にファイルが重くなってしまい、Excel
を編集するたびにフリーズしてしまうなど、ファイルの安定性を損ねてしまう可
能性が高まってしまいます。

　その他の解決方法として、過去実績数値が載っているシートだけ財務モデルに
持ってくる、と言うものも考えられます。しかし、持ってきた過去実績シートが
もともと存在していたファイル、すなわち、外部のファイルとリンクしているため、
これまた動作が重くなるなど財務モデル自体の安定性が損なわれる可能性が出て
きます（なぜ財務モデルに外部リンクを含めるべきでないのかについては、別の
丸の内ルールにて解説します）。

　このような場合、筆者の実務経験からは、財務モデルに含めたい元情報（過去
実績数値）シートのセルを全て値貼付けにしてから財務モデルのファイルに持っ

てくるなどの解決方法が考えられます。

02 シートのお作法：スキーム図を作る

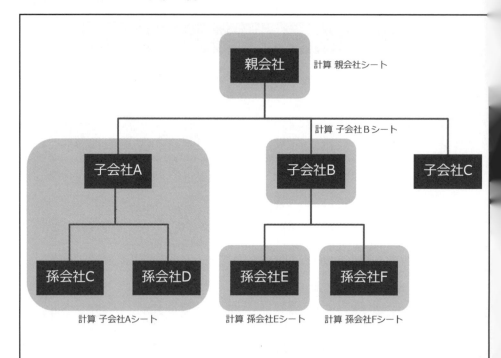

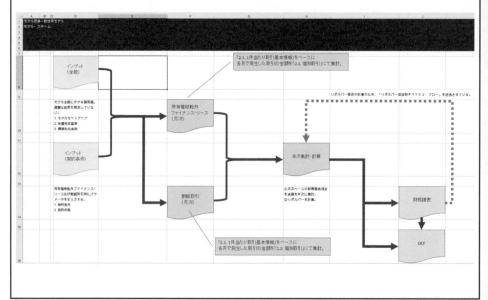

① モデリングの対象は何か？どのように情報が流れているのか？を誰が見ても分かるように図解する。

便利な Tips

① 複数の図形を選択→ Alt → J D → A A → P ：枠線に合わせる

　このルールは、簡単に言えば「お絵描きをしましょう」と言うものです。この「お絵描き」には２種類あります。いずれのスキーム図も、モデラーも読み手も自分が今どこにいるのか？を見失わないようにするためのいわば地図の役割を果たすことを目的としています。

（ア）　財務モデルの対象の図

　まず、財務モデルが何処から何処までの範囲を対象としたものかを明らかにしなければなりません。事業持株会社とその子会社の財務モデリングを行おうとするケースを考えてみましょう。この場合、子会社の全てと事業持株会社の財務モデリングを個別に作ることが考えられます。しかしながら財務モデリング実務上は必ずしもそうとは限りません。例えば、複数ある子会社のうち、本当に重要なのは１～２社のみと言う場合、これらの重要な子会社のみ財務モデリングの対象とし、その他重要ではない子会社は財務モデリングの対象としないと言うことも考えられます。財務モデリングは基本的に限られた時間・人手の中で行われるため、読み手がメッセージを誤解しない範囲で必要な資源配分をしていかなければなりません。

　このように、グループ会社のうち、一部のみを財務モデリングの対象とするような場合、財務モデリングが会社グループのどの部分を対象としているかを図示しておかないと、読み手がモデルをレビューしている時のみならずモデラー自身がモデリングしている時も「自分が今何を作って（見て）いるのか？」がわからなくなってしまう可能性があるためです。

（イ）　情報の流れの図

　次の図は、財務モデルの中で情報がどのように流れていくかを示すフロー・チャートです。

　丸の内ルールの一つ目で財務モデルをインプット、計算、アウトプットにシートを分けることで、財務モデルのどこにどの情報が入っているのかは把握することができると解説しました。しかし、これだけでは財務モデルに不慣れな読み手が、財務モデルの中でどの情報がどこで加工（計算）されてどこに結果として表されるのか？と言う情報の流れをすんなり理解することは期待できません。その結果、読み手は財務モデルの構造を理解するために、一つ一つの項目についてインプットからアウトプットまでをセル・バイ・セル（セル一つずつと言う意味）で確かめ始めます。これでは読み手が財務モデルを理解するのに必要以上に時間がかかってしまい、財務モデルの有用性を損ねてしまいます。また、財務モデルの対象の図示と同様に、シートが増えていくと財務モデリングをしているモデラー自身もやはり自分が今どこで何を作っているのかを見失いやすくなります。

　そのため、財務モデルにおける各シートがどのような関係になっているのか、言い換えればどのシートからどのシートへ情報が流れているのか、についてフロー・チャートなどを用いて財務モデルのスキームを図示することが有効となります。

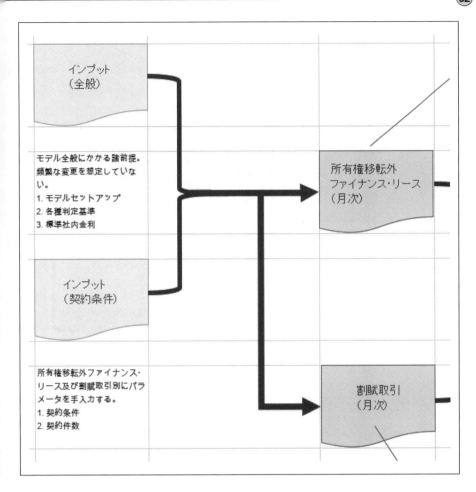

COLUMN　パッと見きれいな図を作るには

　財務モデルの本質とはやや外れますが、図などの見せ方も財務モデリング実務上は最低限身に付けておきたいものです。下記のフロー・チャートの例を見て下さい。

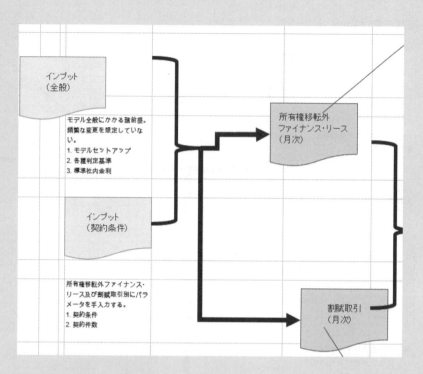

　パッと見の印象はやや乱雑なフロー・チャートと言う印象を受けたのではないでしょうか。それはなぜか？さらに下記の設例でその理由を示しています。

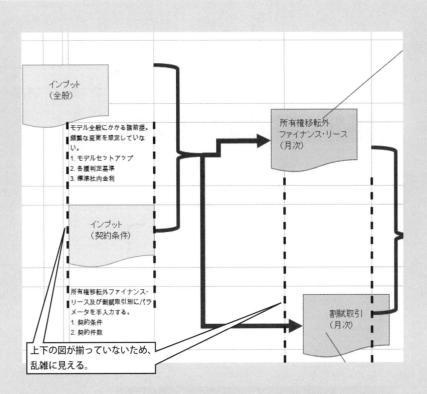

図の配置

インプット
（全般）

モデル全般にかかる諸前提。
頻繁な変更を想定していな
い。
1. モデルセットアップ
2. 各種判定基準
3. 標準社内金利

インプット
（契約条件）

所有権移転外ファイナンス・
リース及び割賦取引別にパラ
メータを手入力する。
1. 契約条件
2. 契約件数

上下の図が揃っていないため、
乱雑に見える。

所有権移転外
ファイナンス・リース
（月次）

割賦取引
（月次）

　太い点線に注目して下さい。つまり、上下にあるフロー・チャート図が揃って
いないことがわかります。図の大きさを統一することは当然のことですが、配置
もなるべく整然とした方が財務モデルの（見た目上の）信頼性は保つことができ
ます。

　それでは、図の配置の整理の仕方について説明します。まずは、図を枠線に合
わせる方法です。最初に何でも良いのでシート上の図形を選択します。選択する
ことで初めて「書式」タブが登場するからです。

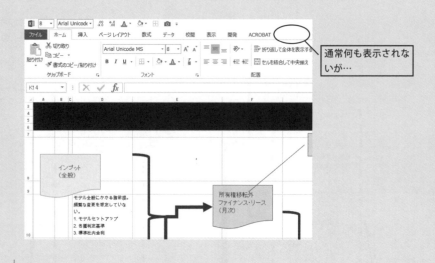

通常何も表示されないが…

↓

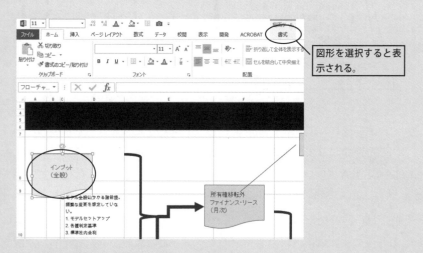

図形を選択すると表示される。

書式タブが登場した段階で以下のショートカットを実行します。

図形を枠線に合わせるショートカット

複数の図形を選択→ Alt → J D → A A → P

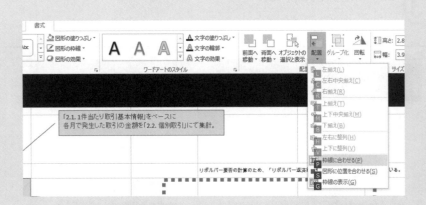

　実行し終わったら、位置を調整したい図を選択し、方向キーを押します。すると、Excel のシートの図形は枠線に合わせて移動してくれるようになります。これで全ての図形を枠線に沿って配置することができるようになります。図形だけではなく、チャート（グラフ）の配置も枠線に合わせることができます。

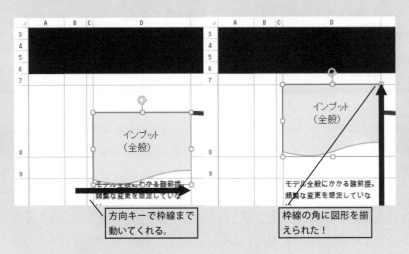

03 シートのお作法：
シートのデザイン

キーメッセージ

① シートは極力同じデザインにすることで見やすくなる。

② デザインは財務モデル中では首尾一貫して用いること。

1. デザインの統一の必要性

　ワークブック（ファイル）全体の話から、次は1段階掘り下げてワークシート（以下、「シート」と言う。）についての丸の内ルールを解説します。

　前述の通り、シートには主にインプット、計算及びアウトプットの3種類が存在します。これらのシートは役割こそ異なりますが、シートのデザインは基本的には統一した方が望ましいです。なぜならば、どんなシートであっても、デザインを共通にすることによって、どこにどのような情報が含まれているのかが一目瞭然になるからです。その結果、シートの構造を理解する時間を省くことができます。また、シート間のデザインを共通化することを習慣にしておけば、もしデザインの異なるシートが含まれていた場合には異常点（最悪の場合ミスの存在）が存在する可能性が高いと推測して注意深く検証することができるという利点もあります。

　前述の通り、Excelは基本的には自由演技です。しかし、丸の内ルールでは、あえてその自由を制限し、以下の様にデザインを指定してしまいます。

まず、シートを以下の３つの構成要素に分けます。

シートの構成要素

① 概要パート（シートの左上部分）

② タイムライン（横軸）

③ 財務モデルの項目（縦軸）

2. 概要パート

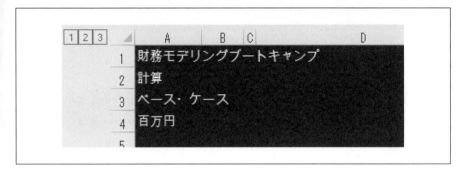

シートの左上部分、上記設例のセル番号で言えばＡ１からＡ４までの部分で、そのシートが何のために存在しているのかを表します。具体的には以下の項目が含まれます。

(ア) プロジェクト名、目的又は財務モデルの対象企業の社名

作成する財務モデルが何のプロジェクトのために用いられるのか？何を目的とした財務モデルなのか？財務モデルの対象となる企業の社名などを一番左上に見えるようにします。

(イ) シート名

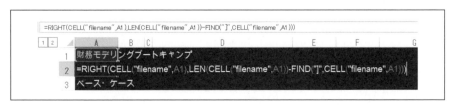

> **セル番号：A2**
>
> **数式例：**
>
> =RIGHT(CELL("filename",A1),LEN(CELL("filename",A1))-
> FIND("]",CELL("filename",A1)))

　上記の数式はやたらややこしく、KISS の原則にもとります。しかしながら、これはシート名を返す数式のいわばテンプレートのような数式です。そのため、深く考えずにこのまま入力して下さい。やや長めのビジネス英会話の頻出決まり文句のようなイメージで、一連のものとして割り切ってそのまま使ってしまいましょう。

（ウ）　シナリオ名

　前述のシート名によって、おおかたそのシートの目的が分かることが多いですが、必要に応じて補足しましょう。例えば、上記の事例のケースでは、シナリオ分析（後述）のうち、現在どのシナリオを選択しているのかを表現するために、ケースの名称が A 3 セルで表現されるようにしています。

　シート名を除く他の項目は、インプットシートに入力した上で、当該セルからリンクさせましょう。

3.　タイムライン（横軸）

	H	I	J	K	L	M	N	O	P
		事業計画年度期	-	-	第1期	第2期	第3期	第4期	第5期
		実績/計画	実績	実績	計画	計画	計画	計画	計画
		開始日	2018/4/1	2019/4/1	2020/4/1	2021/4/1	2022/4/1	2023/4/1	2024/4/1
		終了日	2019/3/31	2020/3/31	2021/3/31	2022/3/31	2023/3/31	2024/3/31	2025/3/31
		日数	365日	366日	365日	365日	365日	366日	365日

I 列に各行の内容を入力

次に横軸については、財務モデルに含める過去から将来にわたり事業年度を入力します。また、ブック内の全てのシートにおいて、同じ列に同じ事業年度（月度）となるように設計しなければなりません。この「同列同年」の丸の内ルールについては別途解説します。

どの列からタイムラインを始めるかは自由ですが、丸の内ルールでは（特に深い意味はないものの）J列から開始することとあえて指定します。伴ってI列に各行の情報の内容を入力することとしましょう。

タイムラインは別のシートで作成することになります。タイムラインの作成方法については別途の機会にて解説します。

4. 財務モデルの項目（縦軸）

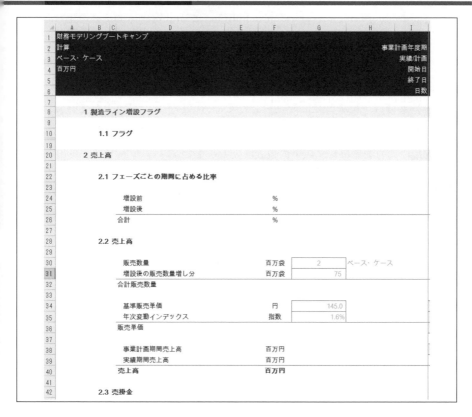

前提条件（インプット・シートの場合）や因数分解された項目（計算シートの場合）、決算書項目やバリュエーションの要素（アウトプット・シートの場合）な

どが入力されます。例を示しながら、どの列にどのような情報を入れると良いかを解説します。

（ア）　A列：大セクションの番号

　A列には大くくりのセクション番号を入れます。セクションごとに番号を振る場合、上から順番に１、２…と手っ取り早く手入力したくなります。しかしながら、前述の通り、財務モデリングは作業途中で何度も変更が想定されるプロセスです。そのため、順番に並んだセクションの間に新たに別のセクションを挿入することも十分に想定されます。この時セクション番号を手入力していると、他のセクションが上部に挿入されるたびに番号を手入力で修正しなければなりません。これは大変手間がかかりますし、直し漏れのリスクが高まります。もっとも、ただのセクション番号の誤りに過ぎないので、財務モデルの計算自体にミスを生じさせる要因にはなりません。しかしながら、セクション番号がダブっていたり、番号が抜けていたりすると、財務モデルの読み手は、モデルの品質について直感的に不安を覚えてしまいます。これではモデラーの実力も過小評価されてしまいますし、読み手は必要以上に入念にレビューしたくなってしまい、結果として経営資源の浪費に繋がってしまいます。ではどのような数式を入力すべきか？前述の設例のＡ８セルに入力する場合、以下の数式を入力します。

大セクションの番号付け

　数式例：=MAX($A$1:A7)+1

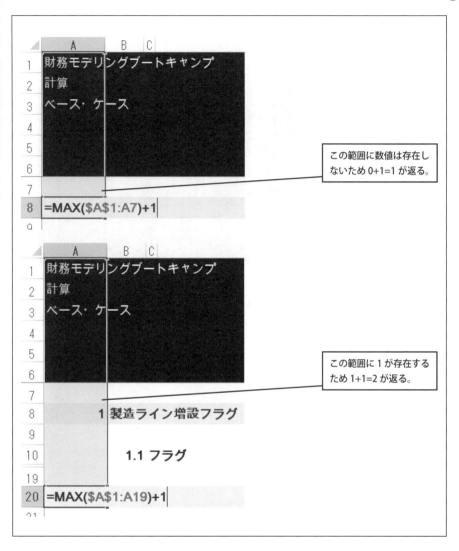

この数式の日本語訳は「自分のセルより真上の部分に存在する数値のうち最大なものに1をプラスした数値を返す」と言うものです。この数式によって自動的に番号の振付けが可能となります。

また、自分のセルより真上の部分にエラーが存在する場合、上記数式の結果もエラーが返されます。そのため、一画面ですべてを把握できないほどシートが縦長になってしまった場合にも、どこかに潜んでいるエラーを見つけるきっかけになります。

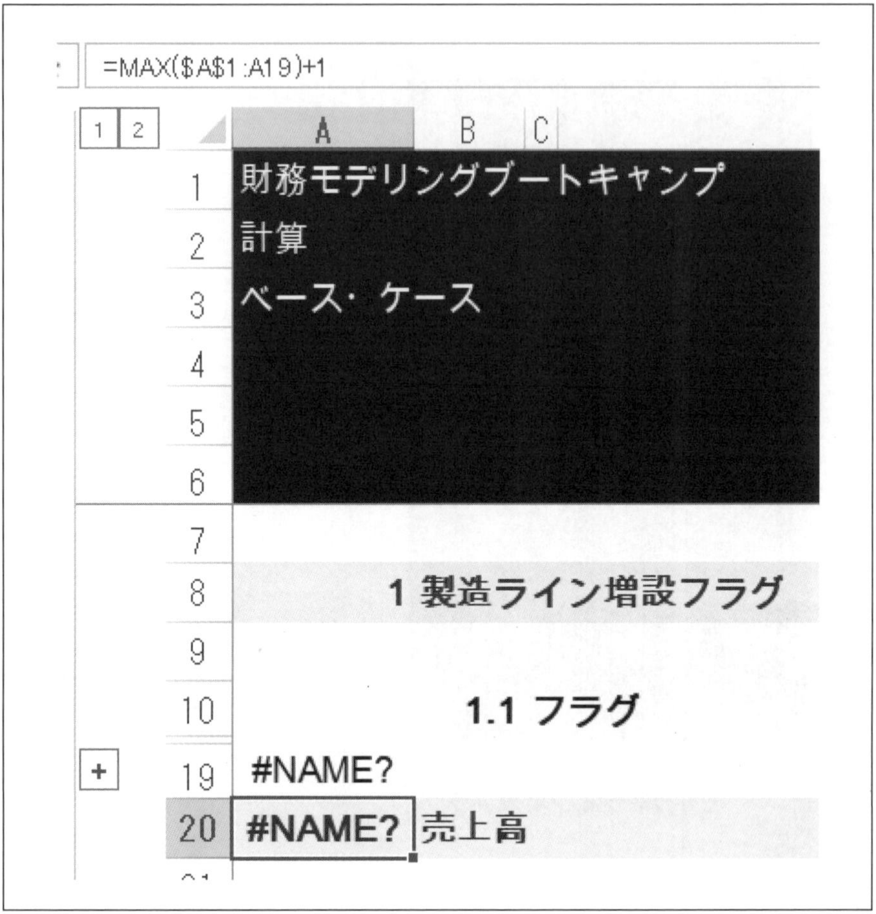

```
=MAX($A$1:A19)+1
```

1 2		A	B	C
	1	財務モデリングブートキャンプ		
	2	計算		
	3	ベース・ケース		
	4			
	5			
	6			
	7			
	8		1 製造ライン増設フラグ	
	9			
	10		1.1 フラグ	
+	19	#NAME?		
	20	#NAME?	売上高	

（イ）　B列：大セクションのラベル名称

　本書では、各セクションや項目の名称のことを総称して「ラベル」と呼ぶこと
とします。ラベルの名付け方、すなわちラベリングについても丸の内ルールが存
在しますので、別の機会に解説します。

（ウ）　B列：小セクションのラベル番号

　大セクションのラベル番号と同じ原理で、小セクションのラベル番号について
も自動で採番してくれるような数式を入力しましょう。B28 セルの数式は以下の
通りです。結果として 2.2 と言う数値が返されることがわかります。

小セクションの番号付け

数式例：=MAX($A$1:B27)+0.1

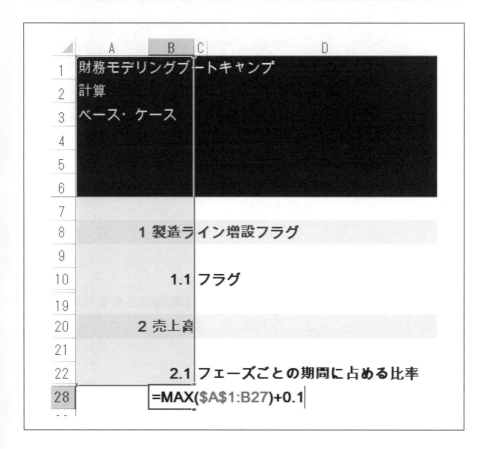

（エ）　C列：小セクションのラベル名称

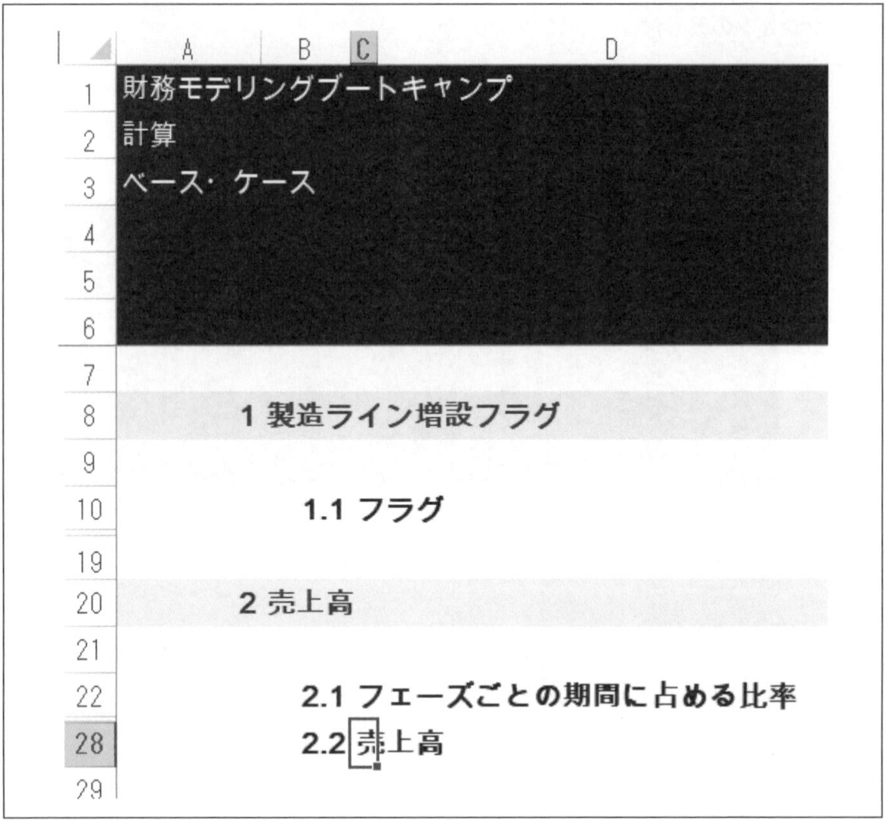

	A	B	C	D
1	財務モデリングブートキャンプ			
2	計算			
3	ベース・ケース			
4				
5				
6				
7				
8			**1 製造ライン増設フラグ**	
9				
10			**1.1 フラグ**	
19				
20			**2 売上高**	
21				
22			**2.1 フェーズごとの期間に占める比率**	
28			**2.2 売上高**	
29				

　小セクションのラベリングで意識したいのは、大セクションの名称、そして後述する各行の情報のラベルとは別の列に入力すると言う点です。フォントを太字や斜字にすることも考えられますが、それ以外にも列を別に割り当てることで各ラベルを区別するようにしましょう。

（オ）　D列：その行に入力されている情報のラベル

（カ）　E列：あえて空白

（キ）　F列：その行に入力されている数値の単位

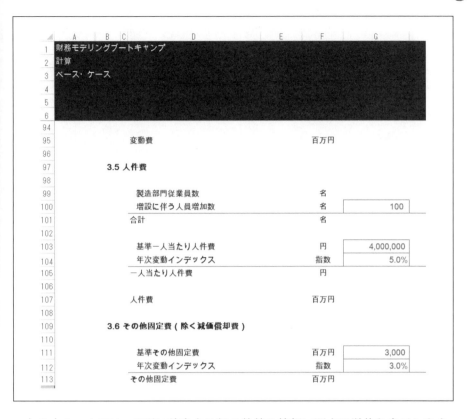

丸の内ルールでは、F列に該当する行の数値や情報に関する単位を表示します。これはいちいち面倒な作業に感じます。しかし、財務モデルで扱われる情報や数値が多くなってくると金額以外の様々な情報が財務モデルに含まれることになります。上記の例で言えば、従業員数であったり、年次変動インデックス（年次ベースでの対起算日増減率のこと）と言った指数であったりします。また、金額の中でもフル円単位のものあれば百万円単位のものもあります。このように多くの情報が含まれている中で単位が付されていないと何の情報が入っていて、その情報が桁間違いなどのミスなく入力されているかを財務モデルの読み手が初見ですぐに把握することができません。どんな情報が入っているのかを考えるという無駄な工程が発生してしまいます。そのため、少々面倒でも行ごとに単位を付していく必要があると考えます。

（ク）　G列：その行の計算に用いられているインプット項目の経由地

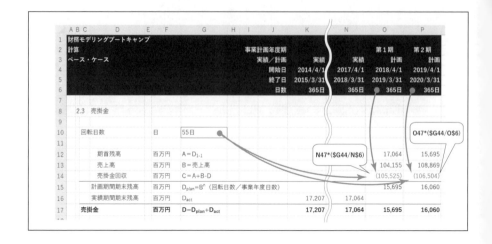

　財務モデリングでは、それぞれの事業年度（又は月期）で同じ計算要素を用いることが多いです。例えば、上記のように売掛金残高を計算するための売掛金に係る回転日数や、法人税その他の所得に応じて発生する税金（いわゆる法人税等）を算定するための法定実効税率などがあります。丸の内ルールでは、これらの計算要素がそれぞれの事業年度（又は月期）を通じて同じものを用いる場合、それぞれの数式にインプットシート、つまり他のシートの参照先を含めるのではなく、上記の例のようにG列を一旦経由してから、各計算式に組み込みます。その理由は、後述の丸の内ルール「他のシートから参照された項目を数式に入れない。」で別途解説します。

（ケ）　H列：あえて空白
（コ）　I列：あえて空白

5.　財務モデルを整理整頓

　以上のように、どこに何を表示するのかを統一することで財務モデルの見た目が随分とすっきりします。部屋が収納されていると探し物がすぐに見つかるのと同様に、財務モデルも整理整頓されると、いざミスを発見しなければならない時にどこを検査したら良いかが比較的早くわかることが多くなります。繰り返しになりますが、財務モデルのデザインは、必ずしも上記の丸の内ルール方式に則ったものでなくても良いです。その財務モデルの目的に応じてデザインの変更もあ

り得ます。しかしながら、一度決めたデザインはその財務モデルの中では首尾一
貫して用いるようにして下さい。

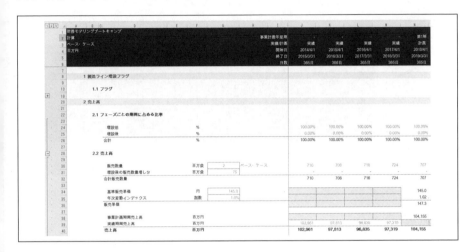

シートのお作法：
テーマごとにセクションを分ける

1 2 3		A	B	C	D	E
	1	財務モデリングブートキャンプ				
	2	計算				
	3	ベース・ケース				
	4	百万円				
	5					
	6					
	7					
	8		1 製造ライン増設フラグ			
	9					
	10		1.1 フラグ			
+	19					
	20		2 売上高			
	21					
	22		2.1 フェーズごとの期間に占める比率			
+	28		2.2 売上高			
+	42		2.3 売掛金			
+	53					
	54		3 売上原価			
	55					
	56		3.1 製造ライン増設フラグ			
+	64		3.2 フェーズごとの期間に占める比率			
+	70		3.3 製造数量			
+	89		3.4 変動費			
+	97		3.5 人件費			
+	109		3.6 その他固定費（除く減価償却費）			
+	115		3.7 製造原価合計			
+	119		3.8 たな卸資産及び売上原価			
+	137					
	138		4 販売費及び一般管理費			
	139					
	140		4.1 変動費			
+	144		4.2 人件費			
+	154		4.3 その他固定費（除く減価償却費）			
+	160		4.4 販売費及び一般管理費合計			
+	166		4.5 買掛金及び未払金			
+	180		4.6 未払費用			
+	192					
	193		5 固定資産、設備投資額及び減価償却費			

5 固定資産、設備投資及び減価償却費	単位	入力	実績 2014/4/1 2015/3/31 365日	実績 2015/4/1 2016/3/31 365日	実績 2016/4/1 2017/3/31 365日	実績 2017/4/1 2018/3/31 365日	第1期 計画 2018/4/1 2019/3/31 365日	第2期 計画 2019/4/1 2020/3/31 365日	第3期 計画 2020/4/1 2021/3/31 365日	第4期 計画 2021/4/1 2022/3/31 365日	第5期 計画 2022/4/1 2023/3/31 365日	第6期 計画 2023/4/1 2024/3/31 365日	第7期 計画 2024/4/1 2025/3/31 365日
5.1 設備投資額													
設備投資額（メンテナンス）	百万円	2,700					2,700	2,700	2,700	2,700	2,700	2,700	2,700
設備投資額（ライン増設）	百万円	16,000							16,000				
計画期間設備投資額	百万円						2,700	2,700	18,700	2,700	2,700	2,700	2,700
実績期間設備投資額	百万円		1,238	2,568	2,887	2,924							
設備投資額	百万円		1,238	2,568	2,887	2,924	2,700	2,700	18,700	2,700	2,700	2,700	2,700
5.2 減価償却費・除却													
既存有形固定資産													
期首残高	百万円						13,406	10,724	8,043	5,362	2,681	-	-
計画期間減価償却費	百万円	5年					(2,681)	(2,681)	(2,681)	(2,681)	(2,681)	-	-
計画期間期末残高	百万円						10,724	8,043	5,362	2,681	-	-	-
実績期間期末残高	百万円		16,467	14,982	14,181	13,406							
既存有形固定資産	百万円		16,467	14,982	14,181	13,406	10,724	8,043	5,362	2,681	-	-	-
計画期間減価償却費	百万円						2,681	2,681	2,681	2,681	2,681		
実績期間減価償却費	百万円		4,053	4,053	3,687	3,699							
既存有形固定資産にかかる減価償却費	百万円		4,053	4,053	3,687	3,699	2,681	2,681	2,681	2,681	2,681		
減価償却費（メンテナンス・ライン増設分）	百万円	5年					540	1,080	4,820	5,380	5,900	5,900	5,900
5.3 償却性有形固定資産													
期首残高	百万円						13,406	12,884	11,823	23,022	17,681	11,800	8,600
設備投資額	百万円		1,238	2,568	2,887	2,924	2,700	2,700	18,700	2,700	2,700	2,700	2,700
減価償却費	百万円		(4,053)	(4,053)	(3,687)	(3,699)	(3,221)	(3,761)	(7,501)	(8,041)	(8,581)	(5,900)	(5,900)
計画期間期末残高	百万円						12,884	11,823	23,022	17,681	11,800	8,600	5,400
実績期間期末残高	百万円		16,467	14,982	14,181	13,406							
償却性有形固定資産	百万円		16,467	14,982	14,181	13,406	12,884	11,823	23,022	17,681	11,800	8,600	5,400
5.4 土地													
6 有利子負債													

キーメッセージ

① 一つの項目の計算は一か所でまとめて行う。飛び地にしたり、他のシートをまたがない。

便利な Tips

以下全て Shift + Space （行全体の選択）又は Ctrl + Space （列全体の選択）をし終えた次のステップとして実行

① Ctrl + Shift + + ：行又は列の挿入
② Ctrl + − ：行又は列の削除
③ Shift + Alt + → ：グループ化
④ Shift + Alt + ← ：グループ化の解除
⑤ Alt → A → J ：グループ化を開く
⑥ Alt → A → H ：グループ化を閉じる

　この丸の内ルールは、「一つの項目を計算する領域は一つのセクションにまとめよう」と言うものです。例えば、借入金の計算は計算シートのひとかたまりの場所でのみ行うという意味です。一見当たり前のことのように感じるかと思います。しかしながら、財務モデリングの実務上は一つの項目の計算が１か所で行われず、

ブックの様々な場所で行われているケースを多く見かけます。例えば、計算シートの借入金の計算セクションが見た目上いっぱいになってしまい、計算シートの下の方や別シートにいわば「飛び地」を設けて、そちらでも借入金の計算をしてしまうケースです。

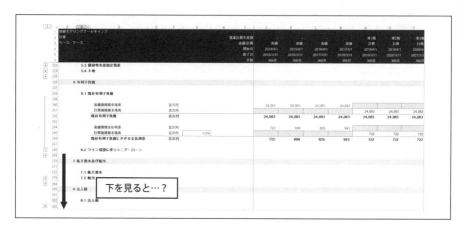

以下の例は、シートの下の方、つまり「8. 法人税」の下に「飛び地」を設けてしまったケースです。

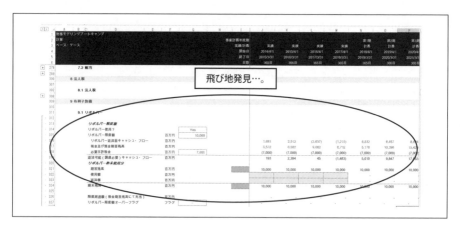

このように、一つの項目を複数の別の場所で計算すると、モデラーは「飛び地」と「本土」を何度も行き来しなければならなくなります。そのため、1か所に計算が集約されている場合に比してより多くの時間、集中力、忍耐力、精神力を費やすことになります。その結果、財務モデリングの段階でミスが発生する可能性が高まってしまいます。

　また、財務モデルの読み手には分かりにくくなってしまうことも問題です。「飛び地」を作ったモデラーは、財務モデリングした張本人なので「飛び地」の存在を当然知っています。しかしながら、「飛び地」を含んだ財務モデルをレビューしなければならない上司や財務モデルの納入先のクライアントは「飛び地」が存在することを最初から知ることはできません。

　結果として、モデラーにとっても読み手にとっても以下のような問題点が生じます。

飛び地の問題点

　① 「飛び地」と「本土」がどのように結びついているのかを理解すると言う一段階余計なプロセスが生じる。

　② レビューの時も「飛び地」と「本土」を行ったり来たりと一か所に全ての計算が集約されている場合に比べて時間も集中力もかかる。

　飛び地の存在により、モデラーも読み手も疲労が蓄積し、財務モデルに潜むミスを見逃してしまう可能性が高まってしまいます。

　よって、一つの項目は単一の場所（セクション）で統一して計算されなければなりません。財務モデリング途中で計算要素を増やす場合は、行を挿入してセクションを拡大して追加して下さい。なお、行の挿入のショートカットは以下の通りです。

行の挿入のショートカット

[Shift] + [Space] → [Ctrl] + [Shift] + [+]

　このように計算を１セクションに集約していくと、計算シートが縦長になりすぎて見づらくなるのでは？と言う意見もあります。この指摘については、下記の例のようにグループ化することで解決します。

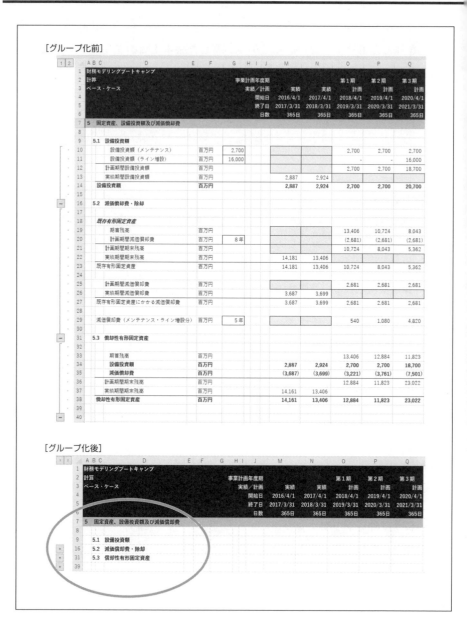

[グループ化前]

[グループ化後]

　上記の例のように、小セクションのラベルだけ見えるようにすれば一覧性が高まります。また、必要なセクションだけ展開すれば良いので、縦長になったとしても見づらいと言う問題点はクリアできます。グループ化のショートカットは以下の通りです。頻繁に使うショートカットなので是非手に覚え込ませて下さい。

グループ化のショートカット

Shift + Alt + →

また、グループ化を解除する場合は、以下のショートカットで行います。

グループ化の解除のショートカット

Shift + Space → Shift + Alt + ←

05 シートのお作法：
一行一式

	第1期	第2期	第3期	第4期	第5期
販売単価 100	100	100	100	100	100
販売数量	100	110	120	130	140
売上高	10,000	11,000	12,000	13,000	14,000

	1	2	3	4	5
	①先頭列に数式を手入力	②列にわたってコピペ			
販売単価 100	=$D6	=$D6	=$D6	=$D6	=$D6
		②列にわたってコピペ			
販売数量	=Input!F1	=Input!G1	=Input!H1	=Input!I1	=Input!J1
		②列にわたってコピペ			
売上高	=F6*F8	=G6*G8	=H6*H8	=I6*I8	=J6*J8

キーメッセージ

① 一つの行には1種類の数式のみ入力することで、モデラーにも作りやすく、読み手にも見やすくなる。

便利な Tips

① [Ctrl] + [Shift] + [→]：行の端まで選択
② 行の端まで選択しつつ任意のセルに入力後 [Ctrl] + [Enter]：同種の内容を一気に入力
③ [F4] （行列共に絶対参照）→ [F4] （行を絶対参照）→ [F4] （列を絶対参照）→ [F4] （絶対参照解除）

1. 一行一式のメリット

　一行一式とは、「一つの行には一種類の数式のみ入力する」と言うルールです。セルごとにリンク先のセルが異なることはあっても、数式の構造や意味は同じものにしましょう。

　筆者の財務モデリングの実務経験上、Excel モデリング作業が必要以上に労力がかかり、かつ、ストレスフルなものとなっている要因の3分の1程度は、一つの行に様々な異なる性質の数式や情報が混在していることにあると考えます。一行一式が徹底されない結果、Excel に含まれるセルを全て一つ一つ考えて数式を入力したり、レビューしなければなりません。そこに費やされる時間や集中力は膨大なものとなり、モデラーやレビューアーが肉体的にも精神的にもダウンしてしまうシーンを筆者は何度も見てきました。一行一式のルールに従うと、従来一つの行で済ませられた数式が細切れとなり、より多くの行に入力することになって、シートが縦長になり、最初は違和感を覚えてしまうかもしれません。しかしながら、縦長シートも、後ほど解説する2つのルールを守れば問題なく扱うことができます。一行一式は是非とも身に付けて欲しいルールです。

　一行一式のメリットは主に以下の二点です。

一行一式のメリット

①　先頭のセルをコピペすることで同じ行の他のセルへの入力が一瞬で終わる。

②　読み手は先頭のセルをレビューすれば以降の他のセルを見なくて済む。

（ア）　先頭のセルをコピペすることで入力が一瞬で終わる。

　一つの行に同じ数式を入れるのであれば、下記の例の一番左（先頭）のセルに数式を入力し、右隣のセル以降をコピペすれば済ませることができます。この時、「先頭セル入力終了→ Ctrl ＋ c → Ctrl ＋ v 」と言うおなじみのコピペショートカットを使っても良いのですが、以下の手順のように先頭のセルに数式を入力する前にコピペしたいセルを全て選んでから先頭セルに数式を入力し Ctrl キーを押しながら Enter キーを押せば、より早く楽に入力することができます。

①先頭のセルを選択

②コピペしたい行全体を Ctrl + Shift + → で選択

③数式を入力（ただし Enter はまだ押さない）

④ Ctrl + Enter で全てのセルに一気に入力完了

　上記の②の時、 Ctrl + Shift + → で一番右端まで選択してくれるのですが、そのまま実行してしまうと最果ての列（XFD列）まで選択されてしまいます。後ほど説明する丸の内ルール「不使用地帯は非表示」によって、使っていない列を全て非表示にしてから行うと入力したいセルの列まで選択してくれるので便利です。

（イ）　読み手は先頭のセルをレビューすれば以後の他のセルを見なくて済む。

　読み手にとっては、一つの行には全て同種の数式が入力されているのであれば、先頭の（さらに言えば先頭でなくても良く、任意の）セルに入力されている数式さえ理解しチェックすればそれ以降の同じ行のセルをセル・バイ・セルで見る必要がなくなり、これまた相当な時間と労力を節約することができます。

2.　前年度の数値を参照する数式の留意点

　財務モデルの中には、前の列、すなわち、前月度や前年度の数値を参照するケースは少なくありません。例えば、売上高の年次成長率を算定する場合です。年次成長率は、以下のような数式で算定されます。

> 売上高年次成長率＝当事業年度売上高÷前事業年度売上高▲1

　下記の設例のように当期の売上高と前期の売上高を用いて計算します。

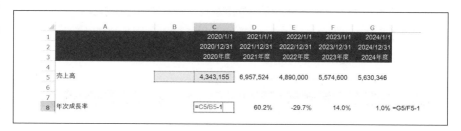

　一行一式のルールに則った場合、先頭の事業年度の列、つまりC列の年次成長率の数式は、C列よりも一つ左のセル（B5セル）を参照することになります。ここで、「何も入っていないセルを参照するのはおかしい。」と慌ててC8セルの初年度の年次成長率の数式を削除して、ベタ打ちで「ゼロ」と入力しないようにして下さい。どのような場合でもまず一行一式を目指すべきです。解決方法としては、先頭の列の一つ左の列は何も入力しない地帯として下さい。別の丸の内ルールで説明する「セルの色分け」のルールに従って、「入力禁止セル」の色塗りをしておくとベターです。

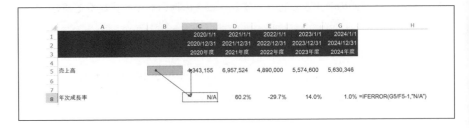

　ここで、見映えが良くないという理由でB列を非表示にしてはいけません。非表示にされた地帯には思いがけない入力が潜んでいる可能性が出てくるためです。非表示の弊害は別途ルールにて解説します。

3.　二階建て方式

　一行一式の論点は、まず過去実績を2～3期分並べて表示し、それから将来事業計画数値を3～5期分並べて表示するというケースに存在します。その場合、下記の例のように過去実績は過去実績数値が載せられている別のシートから引っ張ってきて、将来予測はそれとはまた別の計算セクションから引っ張ってくるモデリングが想定されます。

　このような場合一行一式にできないのではないか？と言う疑問が浮かびます。

　その解決策は、下記の例のように過去実績売上高で一行用い、将来予測売上高で一行を用い、この2行を合計して売上高をアウトプットすると言うものです。筆者はこれを「二階建て方式」と呼んでいます。

		開始日	2016/4/1	2017/4/1	2018/4/1	2019/4/1	2020/4/1	2021/4/1	
		終了日	2017/3/31	2018/3/31	2019/3/31	2020/3/31	2021/3/31	2022/3/31	
		日数	365日	365日	365日	366日	365日	365日	
計画販売単価	円		-	-	-	130	135	140	=インプット!J29
計画販売数量	袋		-	-	-	24,615	25,846	27,138	=インプット!J30
ビスケット菓子売上高	円		-	-	-	3,199,950	3,489,176	3,799,325	=J8*J9
数式									
過去実績ビスケット菓子売上高	円		3,475,000	3,063,000	3,161,076				=過去実績PL!D6
将来計画ビスケット菓子売上高	円					3,199,950	3,489,176	3,799,325	=M10
ビスケット菓子売上高	円		3,475,000	3,063,000	3,161,076	3,199,950	3,489,176	3,799,325	=SUM(J14:J15)

二階建てで一行一式に！

　過去実績の数値と言うものは、（当然ですが）将来予測期には存在することはありえません。過去実績数値と将来予測数値は常に相容れない関係だからです。将来予測数値においても Vice Versa（逆もまた同様）です。すなわち、過去実績期間において「将来計画売上高」はゼロになりますし、将来計画期間において「過去実績売上高」はゼロになります。そのため、「両者を合計する」と言っても必ずいずれか一方しか存在し得ないので、実際には合計ではなく「実績か将来のいずれかが存在する方」を財務モデル上の売上高としているのです。よって、二種類の売上高を合計したところで二重計上することとはなりませんので安心して合計して下さい。

06 シートのお作法：
同列同年

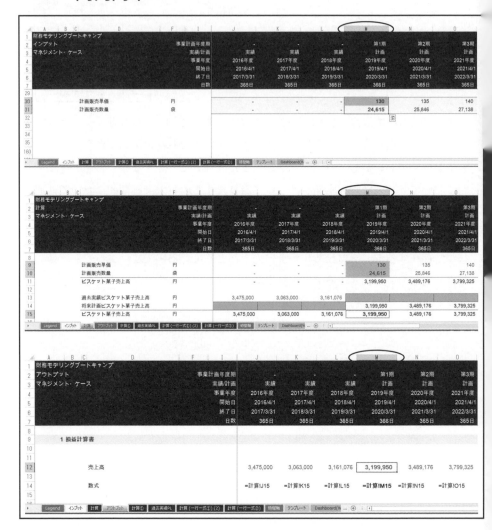

キーメッセージ

① 全てのシートで列の年度を揃えることで作りやすく見やすく仕上げる。

便利な Tips

① [Ctrl] + [Page Up/Down]：隣のシートへ移動する
② [Ctrl] + [Space]：列の全てのセルを選択する
③ [Alt] → [e] → [s] → [w]：列幅をペーストする

　同列同年とは、前述の一行一式のルールと同じもので、「ワークブックの中の全てのシートを通じて、同じ列には同じ年度で揃える」と言うルールです。つまり、インプットシートから計算シートを通じて最後のアウトプットシートに至るまで、一つの事業年度の情報は全てのシートで同じ列を通じて流れていくようにモデリングする、と言うことです。

　同列同年のメリットは、財務モデルのリンクが正しくなされているかを検査するのに役立つ点です。下記の例のように数式をチェックする場合、[F2]キーを押して参照元をまず目視で確認することになります。

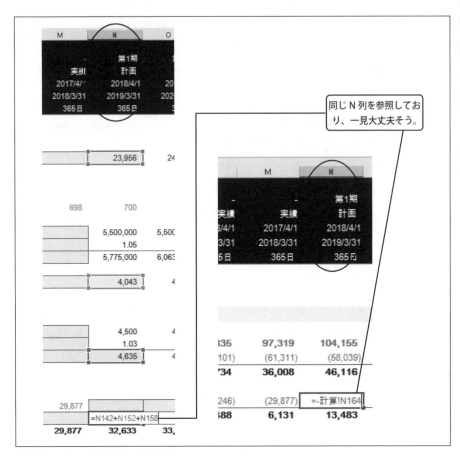

数式のチェックの目的は、以下の2点です。

数式のチェックの目的

①数式が論理的に正しいかどうかを確認すること

②参照している（引っ張ってきている）セルが正しいかどうかを確認すること

①のチェックはモデラーや読み手が考えて確認する必要がありますが、②については、「その事業年度の数値が原則としてその事業年度の前提条件に基づいて計算されているかどうか」を確かめることになります。これを財務モデリング的な表現にすると、「ある特定の列の計算は原則として同じ列の情報に基づいて計算されているか」を確かめると言うことになります。そのため、下記の設例のようにN列のセルの数式のチェックをしていてN列以外の列を参照している場合、特に

注意深くレビューして下さい。以下の設例は、第2期の数値を参照すべきところを第1期の数値を参照してしまった誤りのモデルです。

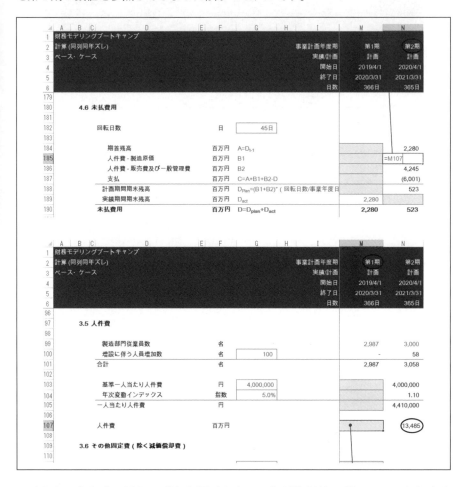

　言うまでもなく、異なる列を参照元とすることが絶対的に誤っているとか良くない慣習と言うわけではありません。例えば、下記の例のように一定の前提条件（この場合変動費率）が予測期間を通じて同じような場合、どの事業年度においてもある特定の一つのセルを参照することになります。

			第1期	第2期	第3期	第4期	第5期	第6期	第7期
	事業計画年度期		計画	計画	計画	計画	計画	計画	計画
	実績/計画								
	事業年度		2019年度	2020年度	2021年度	2022年度	2023年度	2024年度	2025年度
	開始日		2019/4/1	2020/4/1	2021/4/1	2022/4/1	2023/4/1	2024/4/1	2025/4/1
	終了日		2020/3/31	2021/3/31	2022/3/31	2023/3/31	2024/3/31	2025/3/31	2026/3/31
	日数		366日	365日	365日	365日	366日	365日	365日
売上高	千円		74,655	78,387	83,874	88,907	93,352	97,086	99,999
変動費	千円	23.50%	17,544	18,421	19,711	20,893	21,938	22,815	23,500
数式			=M10*$G12	=N10*$G12	=O10*$G12	=P10*$G12	=Q10*$G12	=R10*$G12	=S10*$G12

　ともあれ、計算シートにおいてもアウトプットシートにおいても、同じ事業年度の情報を全てのシートを通じて同じ列で行うことは、モデラー自身がミスを防止・発見することに役立ち、また読み手にとっても財務モデルの理解がより早くなることに役立ちますので、是非とも採り入れて欲しいルールです。

07 シートのお作法：
フリーズペイン

	A B C	D	E F	G	H I	O	P	Q	R	S	T
1	財務モデリングブートキャンプ										
2	計算			事業計画年度期		第3期	第4期	第5期	第6期	第7期	第8期
3	ベース・ケース			実績計画		計画	計画	計画	計画	計画	計画
4				開始日		2021/4/1	2022/4/1	2023/4/1	2024/4/1	2025/4/1	2026/4/1
5				終了日		2022/3/31	2023/3/31	2024/3/31	2025/3/31	2026/3/31	2027/3/31
6				日数		365日	365日	366日	365日	365日	365日
192											
193	5 固定資産、設備投資額及び減価償却費										
194											
195	5.1 設備投資額										
196											
197	設備投資額（メンテナンス）	百万円		2,700		2,700	2,700	2,700	2,700	2,700	2,700
198	設備投資額（ライン増設）	百万円		16,000		-	-	-	-	-	-
199	計画期間設備投資額	百万円				2,700	2,700	2,700	2,700	2,700	2,700
200	実績期間設備投資額	百万円									
201	設備投資額	百万円				2,700	2,700	2,700	2,700	2,700	2,700
202											
203	5.2 減価償却費・除却										
204											
205	既存有形固定資産										
206	期首残高	百万円				8,937	4,469	-	-	-	-
207	計画期間減価償却費	百万円		3年		(4,469)	(4,469)	-	-	-	-
208	計画期間期末残高	百万円				4,469	-	-	-	-	-
209	実績期間期末残高	百万円									
210	既存有形固定資産	百万円				4,469					
211											
212	計画期間減価償却費	百万円				4,469	4,469	-	-	-	-
213	実績期間減価償却費	百万円									
214	減価償却費（既存有形固定資産分）	百万円				4,469	4,469	-	-	-	-

キーメッセージ

① どこのセルにいてもいつ時点の何の項目かが分かるようにする。

便利な Tips

①	Alt → w → f → f	：ウィンドウ枠を固定する
②	Ctrl + ←	：シートの左端までジャンプする
③	Ctrl + Home	：シートの左上までジャンプする

1. フリーズペインとは

　フリーズペイン（Freeze Pane）とは、Excel 的な表現をすれば、「ウィンドウ枠の固定」のことです。財務モデリングは、一枚のシートに縦方向（行方向）にも横方向（列方向）にも多くの情報を入力することになります。その結果、シートの情報が一画面には収まりきらず、下記の例のようにシートの上部分の時間軸に

あると左部分の各要素の名称や単位などにある財務モデルの軸となる部分が、シートをスクロールしていくと見えなくなってしまいます。

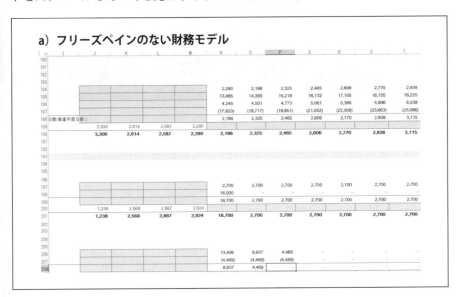

モデラーが相当な集中力を持ってモデリングに取り組んでいる時でない限り、軸を見ないままで「いつ時点の何の情報を入力しているのか」を把握することはできません。ましてや、読み手にとっては画面からはもはや解読不能となってしまいます。そのため Ctrl + ← で縦軸を確認しに行き、Page Up で横軸を確認しに行く必要が出てきます。

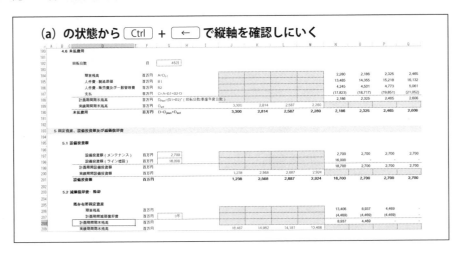

すると、そもそもどのセルのことを確かめようとしていたのか分からなくなる、と言う無間地獄に陥ってしまった経験をしたことはないでしょうか。

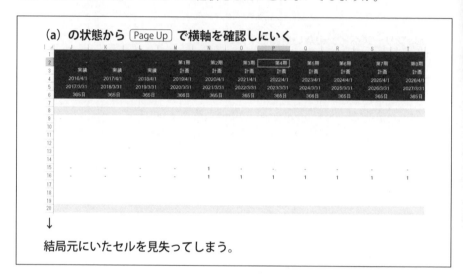

これはモデラーにとっても読み手にとっても非常にストレスが溜まります。そこで、シートのどの部分に行っても常に縦軸も横軸も見ることができるように以下の手順でウィンドウ枠を固定し、「フリーズペイン」を作っておく必要があります。

2. フリーズペインの作り方

まず、固定したいウィンドウがセルの左上の辺に接するセルをアクティブにします。下記の設例の場合、6行目より上、かつ、I列より左をフリーズペインにしたいので、6行目と上の辺で隣り合い、かつ、I列と左の辺で隣り合うJ7セルをアクティブにします。

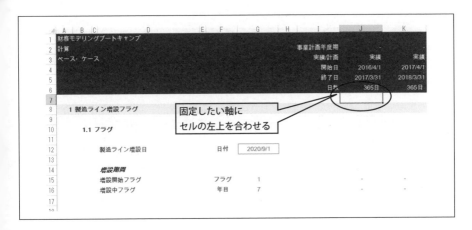

次に以下のショートカットでウィンドウ枠の固定を実行します。

ウィンドウ枠の固定のショートカット
固定したいウィンドウの交差する点が「左上」になるセルを選択

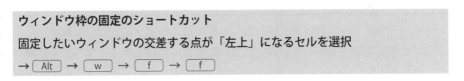

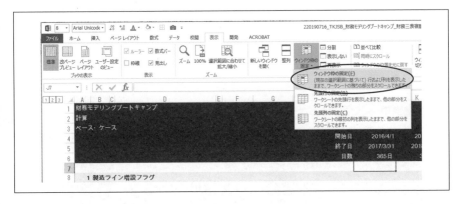

以上でフリーズペインが完成します。どこのセルにいても何の項目のいつの数値かをひと目で確認することができます。

3. フリーズペインに含めたい項目

フリーズペイン、すなわち「軸」として常に見えるようにしたい情報はいくら
でも考えられます。しかしながら、あまりに多くの項目をフリーズペインに盛り
込んでしまうと、「画面の半分以上がフリーズペイン」となってしまいます。これ
では、作業スペースがやたらと狭くなり、財務モデリングの効率性を損なってし
まいます。そこでフリーズペインに盛り込む内容は必要最低限に留めておくと良
いと考えます。筆者がフリーズペインに含めている項目を参考までに以下の通り
記しておきます。

a) 横軸

	I	J	K	L	M	N
事業計画年度期		第1期	第2期	第3期	第4期	第5期
実績/計画		計画	計画	計画	計画	計画
事業年度		2019年度	2020年度	2021年度	2022年度	2023年度
開始日		2019/4/1	2020/4/1	2021/4/1	2022/4/1	2023/4/1
終了日		2020/3/31	2021/3/31	2022/3/31	2023/3/31	2024/3/31
日数		366日	365日	365日	365日	366日

（1）　事業年度期数（第 X 期）

（2）　実績期 or 計画期

（3）　事業年度開始日

（4）　事業年度終了日

（5）　事業年度の暦日数

b）縦軸

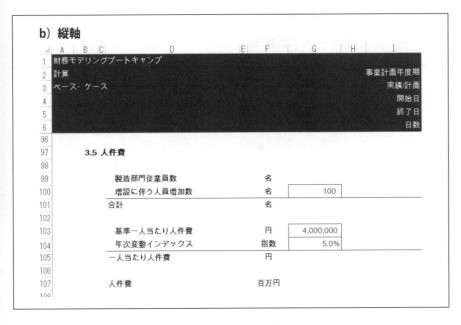

（1）　項目番号（大項目は A 列、中項目は B 列）

（2）　項目名称（大項目は B 列、中項目は C 列、小項目は D 列）

（3）　単位（F 列）

（4）　計算上キーとなるパラメーター数値（G 列）

（5）　見やすい見た目を整えるため適当なスペース列（上記の例で言えば E・H列）

（6）　入力禁止セルを設置するためのスペース列（上記の例で言えば I 列）

08 シートのお作法：
不要なシートは削除

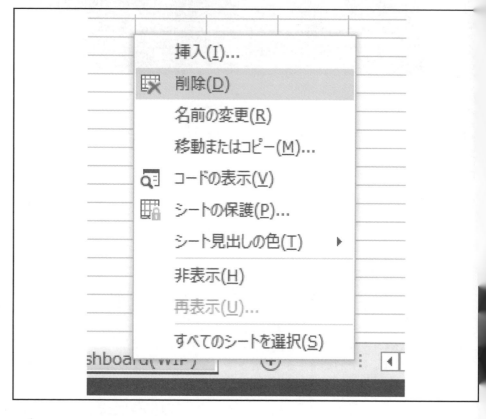

キーメッセージ

① 使っていないシートは削除して「隠れキャラ」の存在の可能性を消す。

② シートの非表示は厳禁。

便利な Tips

① Ctrl + End ：データまたは書式を含む最後（一番右下）のセルにジャンプ

② シートのタブを右クリック→ d ：シートの削除

③ Alt + F11 →「Visible」：VBA の起動からのシートの視認性の状態

1. 不要なシートはどうすべきか？

　本章で解説するルール「不要なシートは削除」とは、一見至極当たり前のこと
に感じられます。しかし、財務モデリング実務上は削除されていないことが多い
のが実態です。財務モデリングを通じて結局使われなかったシートは、以下の３
つのいずれかの取扱いを受けることになります。

不要なシートの処理方法
① そのまま放置しておく
② 非表示にする
③ 削除する

　まず①の「そのまま放置しておく」ことの是非について検討します。使用して
いないシートを放置しておくと、その不要なシートに財務モデル上悪さをする「隠
れキャラ」が生まれる可能性が出てきます。以下隠れキャラの例を示します。

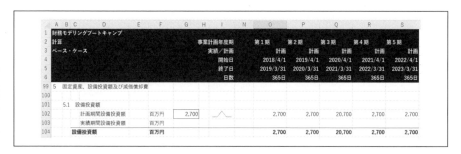

　この例では、とある事業年度（P列）のみ異常に高い金額となっています。こ
れはI列に挿入されている「スパークライン」からも発見することができます（ス
パークラインの活用方法については別の機会にて解説します）。モデラーは、たと
え自分が構築した財務モデルであっても、こう言ったパッと見の異常点を見逃さ
ないようにして下さい。結果としてその異常点が正しい計算結果であったと判明
したとしても、財務モデルの読み手から「この値異常じゃないの？」と十中八九
問われます。そのため、異常値の発生原因については確認しておく必要があります。
では、その異常点であるP197セルを見てみましょう。

> =$G197+Sheet3!R31

同じ行にある他の行は全て以下のような数式が入っています。

> =$G197

　一つの行に複数の種類の数式が含まれることになり、前述の「一行一式」のルールにもとる状態です。

　このようにシート名も「Sheet 3」と一見何も悪さをしていなさそうな名前をしていますが、実際に見てみると下記設例のようにシートのぎりぎり見えるか見えないかのセル（R31 セル）に謎の数値が手入力されていることがあります。

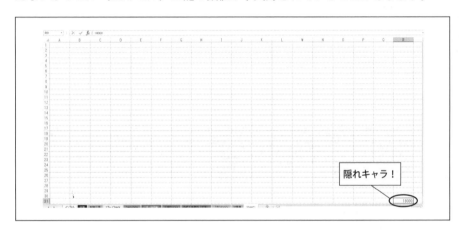

隠れキャラ！

18000

　筆者は実際にこのような財務モデルを多く見てきました。モデラーは仮入力を試みる場合、本シートではなくて、別のシートに目立たないように小さく殴り書きをしておき、後々タイミングが来たら清書（本シートに然るべき移植）しよう、と言う心理によく陥りがちなのかもしれません。結局時間が無くなってしまい、殴り書きのままで読み手に提出してしまうのです。そしてこのちょっとした殴り書きの数値が、得てして非常に重要なパラメーターになってしまうことが多いのです。結局、その重要なパラメーターを入力し直すためにいちいち別シートの隠れキャラの場所に移動しなければならなくなります。このような経験は筆者のみならず Excel を業務で使ったことがある人にも記憶にあるのではないでしょうか。

　このように使用していないシートを放置すると、つい「隠れキャラ」がそのシートに生まれがちになるので、使用していないシートは放置しないようにして下さ

い。

　次に②非表示にするのはどうでしょうか。非表示にしたとしても財務モデルの
ブックの中にシートは「存在」しています。そのため、「隠れキャラ」が生まれて
しまう可能性は結局のところ①そのまま放置しておく場合と変わらないことにな
ります。むしろ、「隠れキャラ」が潜んでいるシートが目視できない点では②の非
表示はより厄介かもしれません。結局は不要なシートは③削除する、と言うのが
丸の内ルールの答えです。

2.　使用していないシートの発見・削除方法

　では使用していないシートをどのように発見するのか？そして発見した場合ど
のように削除するのか？について解説します。

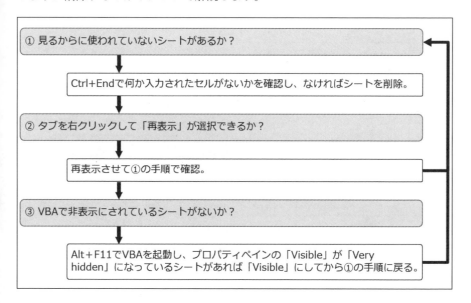

①　見るからに使われていないシートがあるか？

　まず、財務モデルの中に一見使用されていないシートがあった場合、シートの
一番左上、つまりＡ１セルに移動してから以下のショートカットを実行してみて
下さい。

入力範囲で一番右下のセルまで移動するショートカット

[Ctrl] + [End]

　このショートカットで、データ（または書式設定）を含む最後（一番右下）の
セルに飛ぶことができます。もし、シート内の（A1セル以外の）全てのセルに
入力がない場合、[Ctrl] + [End]を実行してもA1に留まったままとなります。
この場合、そのシートには何も情報は入力されていません。よって、この不要シー
トは以下の手順で削除しましょう。

シートを削除する操作

　シートのタブを右クリック→ [D]

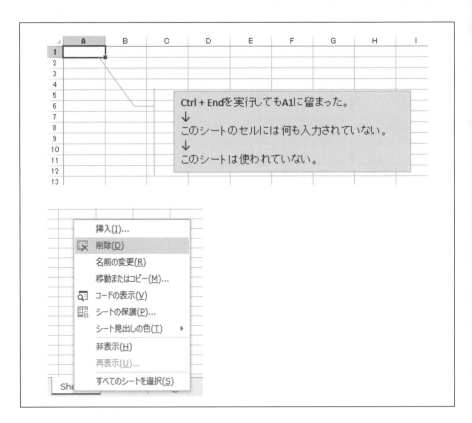

　もし、そのシートにデータが入力されたセルがある場合、[Ctrl] + [End]を実
行すると一番右下に入力されたセルに飛ばされます。

一見何も入力されていないが・・・。

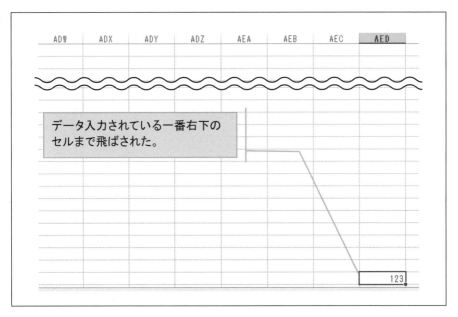

データ入力されている一番右下の
セルまで飛ばされた。

② タブを右クリックして「再表示」が選択できるか？

　次に、どのシートのタブでも良いので、右クリックをして下さい。

　すると、上記のように「再表示」が選択できる場合があります。これは「再表示できる非表示のシートがある」と言う意味です。そのため、「再表示」をクリックして非表示にされたシートを「再表示」させましょう。その上で、上記①の手順を行なって下さい。

③　VBA で非表示にされているシートはないか？

　上記の①及び②まではこれまでに既に行ってきた読者もいるかと思います。丸の内ルールでは、もう一歩踏み込みます。

　実は上記②で「再表示」が選択できない場合でもシートが隠れているケースがあります。そのような厳重に隠されたシートの暴き方を以下の通り解説します。

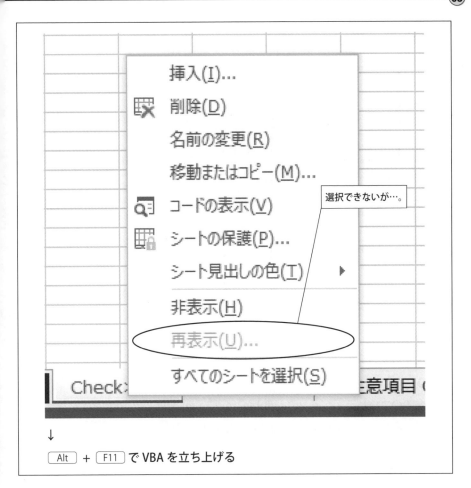

選択できないが…。

↓

Alt + F11 で VBA を立ち上げる

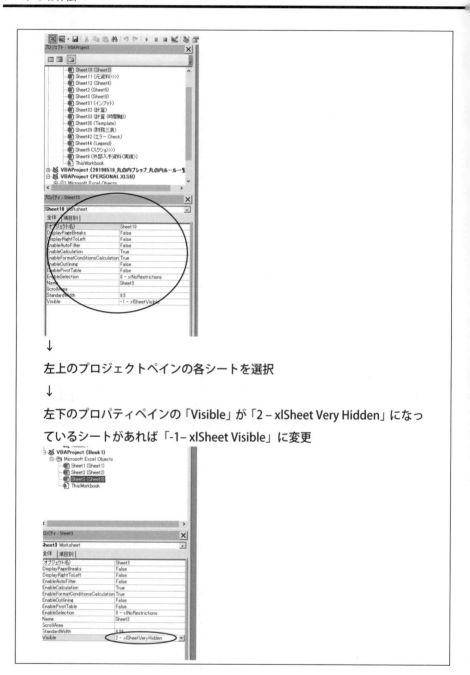

↓

左上のプロジェクトペインの各シートを選択

↓

**左下のプロパティペインの「Visible」が「2 – xlSheet Very Hidden」になっ
ているシートがあれば「-1– xlSheet Visible」に変更**

　中には VBA で文字通り Very Hidden にして財務モデルを送り付けてくるモデ
ラーもいるため、読み手は注意して下さい。

---

09 シートのお作法：
シートは隠さずにしまう

			事業計画年度期	第2期	第3期	第5期	第6期
	財務モデリングブートキャンプ						
	財務三表		実績/計画	計画	計画	計画	計画
	ベース・ケース		開始日	2019/4/1	2020/4/1	2022/4/1	2023/4/1
			終了日	2020/3/31	2021/3/31	2023/3/31	2024/3/31
			日数	366日	365日	365日	366日
	1 損益計算書						
	売上高	百万円		106,869	116,237	127,152	130,462
	売上原価（除く減価償却費）	百万円		(60,392)	(63,316)	(68,814)	(70,395)
	売上総利益（除く減価償却費）	百万円		**46,478**	**52,921**	**58,337**	**60,067**
	販売費及び一般管理費（除く減価償却費）	百万円		(33,641)	(36,198)	(39,572)	(40,804)
	EBITDA	百万円		**12,837**	**16,723**	**18,765**	**19,263**
	減価償却費	百万円		(3,761)	(7,501)	(8,581)	(5,900)
	営業利益（EBIT）	百万円		**9,075**	**9,222**	**10,184**	**13,363**

			事業計画年度期	第2期	第3期	第5期	第6期
	財務モデリングブートキャンプ						
	財務三表		実績/計画	計画	計画	計画	計画
	ベース・ケース		開始日	2019/4/1	2020/4/1	2022/4/1	2023/4/1
			終了日	2020/3/31	2021/3/31	2023/3/31	2024/3/31
			日数	366日	365日	365日	366日
	1 損益計算書						
	売上高	百万円		106,869	116,237	127,152	130,462
	売上原価（除く減価償却費）	百万円		(60,392)	(63,316)	(68,814)	(70,395)
	売上総利益（除く減価償却費）	百万円		**46,478**	**52,921**	**58,337**	**60,067**
	販売費及び一般管理費（除く減価償却費）	百万円		(33,641)	(36,198)	(39,572)	(40,804)
	EBITDA	百万円		**12,837**	**16,723**	**18,765**	**19,263**
	減価償却費	百万円		(3,761)	(7,501)	(8,581)	(5,900)
	営業利益（EBIT）	百万円		**9,075**	**9,222**	**10,184**	**13,363**

キーメッセージ

① 使われているが見せたくないセクションがある場合、「非表示」で隠すのではなく、「グループ化」でわかるようにしまっておく。

便利な Tips

①	Shift + Alt + →	：グループ化する。
②	Shift + Alt + ←	：グループ化を解除する。
③	Shift + Space （英数入力モードで）	：行全体を選択する。
④	Ctrl + Space	：列全体を選択する。

　このルールは、行や列を非表示で「隠す」のではなく、グループ化によって「しまっておく」と言うものです。では「隠す」（非表示にする）ことと「しまっておく」（グループ化する）ことで何が違うのか？それは前ページの例を見れば一目瞭然です。前ページの設例を再掲します。

　このように Q 列（第 4 期）が表示されていないことは、下記の設例の「非表示」ではパッと見わかりにくいです。

> **P の次が R になっている**

			第2期	第3期	第5期	第6期
財務モデリングブートキャンプ						
財務三表		事業計画年度期	計画	計画	計画	計画
ベース・ケース		実績/計画	2019/4/1	2020/4/1	2022/4/1	2023/4/1
		開始日	2020/3/31	2021/3/31	2023/3/31	2024/3/31
		終了日	366日	365日	365日	366日
		日数				
	1 損益計算書					
	売上高	百万円	106,869	116,237	127,152	130,462
	売上原価（除く減価償却費）	百万円	(60,392)	(63,316)	(68,814)	(70,395)
	売上総利益（除く減価償却費）	百万円	46,478	52,921	58,337	60,067
	販売費及び一般管理費（除く減価償却費）	百万円	(33,641)	(36,198)	(39,572)	(40,804)
	EBITDA	百万円	12,837	16,723	18,765	19,263
	減価償却費	百万円	(3,761)	(7,501)	(8,581)	(5,900)
	営業利益（EBIT）	百万円	9,075	9,222	10,184	13,363

　一方で、下の設例の「グループ化」では、列番号の上に「＋（プラス）」マークが表示され、そこにしまわれていることがわかりやすいです。

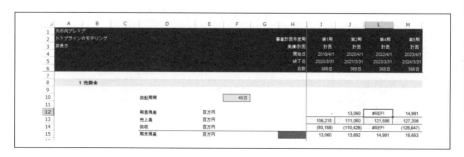

「非表示」の弊害についてもう一つ設例を挙げます。例えば、下記の例のように
エラー表示が出ているシチュエーションを想像してみて下さい。このエラーの原
因は非表示にされている K 列に潜んでいるとします。

通常のモデラーならエラー表示はいち早く抹消したい存在です。すぐに原因を
探そうとします。しかしながら、エラーの原因が潜む K 列が「隠されている」ため、
パッと見では周りにはエラーの原因は見当たりません。

一方で、もし「グループ化」されており、列番号の上に「＋（プラス）」が表示
されている場合、このプラスマークによって、この列の一つ手前がグループ化に
よって「しまってある」ことが明らかになります。そして、エラーの原因を探す
ために、まず上のプラスボタンを押してグループ化されている部分を展開してみ
ようと思うでしょう。

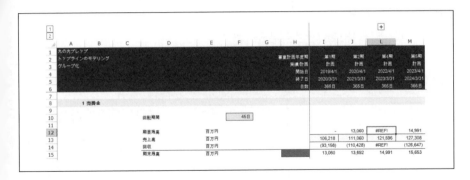

すると、以下のようにエラーの原因がしまっておかれていたことが分かります。

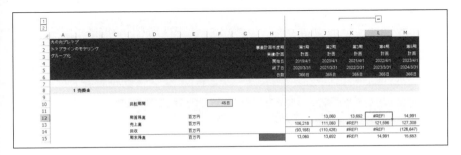

　繰り返しとなりますが、財務モデリングは限られた時間の中である程度スピード感をもって取り組まなければならないケースがほとんどです。そのため、モデラーにとっても読み手にとっても短時間で使われるものでなければなりません。もちろん上記の「非表示」の例においても、モデラーも読み手もすべからく細心の注意深さを持ってエラーの原因を突き止めるべきです。しかしながら、手っ取り早く済ませられるのであればそれに越したことはありません。やはり限られた時間や人手と言う状況では、パッと見で分かる仕組みや見せ方が不可欠です。そのため、見せない部分はグループ化で「しまっておく」必要があるのです。

シートのお作法：
不使用地帯は非表示に

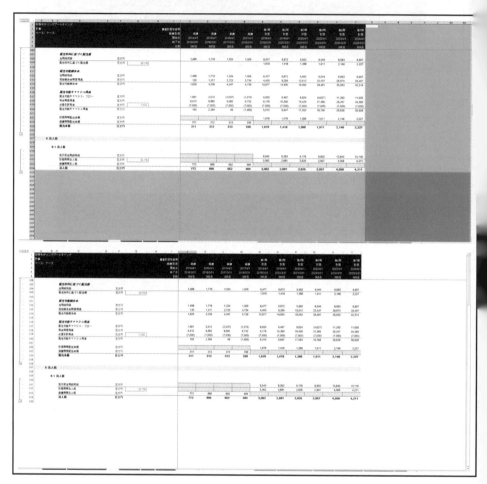

キーメッセージ

① 使っていない地帯は非表示にして見せない、触らせない。

便利な Tips

① `Ctrl` + `Space` ：列の全てのセルを選択。
② `Shift` + `Space` ：行の全てのセルを選択。
③ `Ctrl` + `Shift` + `→` / `↓` ：一番右 / 下のセルまでの地帯を選択。
④ `Ctrl` + `0` ：選択された列を非表示にする。
⑤ `Ctrl` + `9` ：選択された行を非表示にする。
⑥ `Alt` + `Shift` ：英数入力 / 日本語入力モードの切換え

　Excel で構築される財務モデリングでは、シートに含まれるセルを目一杯フルに使われることはほとんどありません。むしろシートの大部分は使われないケースがほとんどです。ちなみに Excel 2013 のシートの限界は、行（縦方向）は 1,048,576 行、列（横方向）は XFD 列です（ちなみに 1,048,576 とは 2 の 20 乗、XFD 列は 10 進法に訳すと 16,384 ですが、これは 2 の 14 乗です）。そのような使用していない地帯は非表示にしようと言うのがこのルールです。前述の「非表示」を使うな、と言う前述のルールと矛盾しているのではないか？という疑問を持った読者もいるかもしれません。

　しかし、使用していない地帯を非表示にしておくことには理由があります。これは前述のルール「不要なシートは削除する」と同じ発想です。すなわち、「使っていない空白地帯にいわゆる下書き的な計算が行われ、それが財務モデルに悪さを働いている」と言う事態を避けるため、使用していない地帯を非表示にしてしまおうという考え方です。

　それでは不使用地帯の非表示化を実演したいと思います。まず、不使用地帯の最初の列を `Ctrl` + `Space` で選択します。

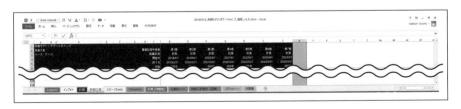

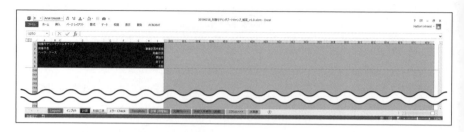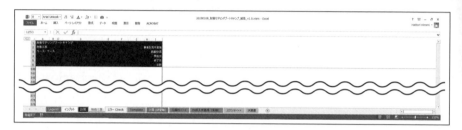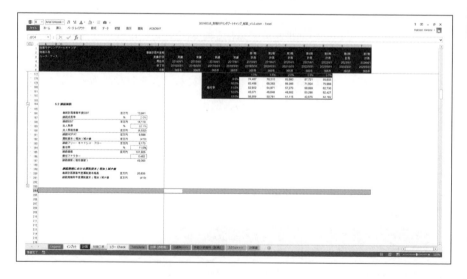

次に Ctrl + Shift + → で一番右端の列まで選択します。

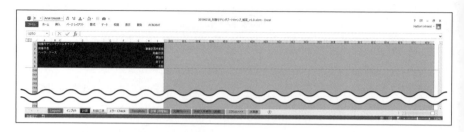

そして Ctrl + 0 を入力すると非表示になります。

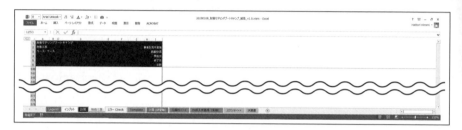

　次に行を非表示にしましょう。列の時と同じ要領で、不使用地帯の最初の行を Shift + Space で選択します。ただし、 Shift + Space の時は英数入力モードでないと機能しません。やや面倒ですがご注意下さい。

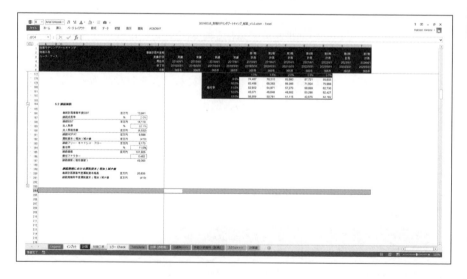

次に Ctrl + Shift + ↓ で一番下の行まで選択します。

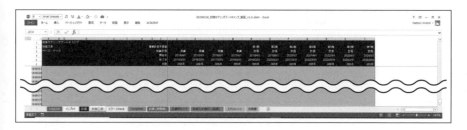

最後に Ctrl + 9 で行を非表示にします。

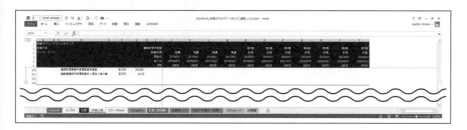

　不使用地帯を非表示にすることによって、財務モデルの領域の限界を示すことになります。表示されている領域内でのみ財務モデリングが行われているとすることで、広大なシートのすべてをくまなくチェックする必要がなくなります。

　実はこのルールにはもう一つメリットがあります。それは「モデルの端っこまで一気に飛べる」ということです。読者の中には財務モデルの端っこに飛ぼうとして Ctrl + → 又は ↓ と入力すると、モデルの端っこではなくシートの端っこ（XFD 列や 1,048,576 行のセル）まで飛んでしまい、イラっとした経験はないでしょうか？しかし、このルールに従って非表示で限界を設けることで、Ctrl + → 又は ↓ で飛べるのは財務モデルの限界までとなり、これまた素早くかつストレスなく財務モデリングができるようになります。

11 数式のお作法：
複雑な数式は禁止

=IF(AVERAGE(桑名支店!D2:D4)>3000,IF(AVERAGE(桑名支店!D2:D4)<8000,SUM(
'¥¥chnch001¥Users¥49408669¥Desktop¥事業計画¥[20170124_2016年度実績.xls]前提条件]
[20170124_2016年度実績.xls]前提条件'!N29:N30)+GESTEP(N22,$G$22)+#REF!,0),計算!$G$15)

キーメッセージ

① **複雑な数式は分かりにくく、直しにくいため、ミスが起きやすい。**
② **数式に関する丸の内ルールを使って、極力シンプルに仕上げる。**

　ここからは、数式の組み方に関する丸の内ルールについて解説します。本項は、数式に関する個々のルールの説明に入る前に、根幹となる発想や実務上の論点を解説します。

　まず、「計算」シートに入力されている以下の数式を見て下さい。そして、どのように感じたか、何が問題なのかを数分間考えてみて下さい。

=IF(AVERAGE(桑名支店!D2:D4)>3000,IF(AVERAGE(桑名支店!D2:D4)<8000,SUM(
'¥¥chnch001¥Users¥49408669¥Desktop¥事業計画¥[20170124_2016年度実績.xls]前提条件]
[20170124_2016年度実績.xls]前提条件'!N29:N30)+GESTEP(N22,$G$22)+#REF!,0),計算!$G$15)

　まず直感的に「見たくない」と感じられたのではないでしょうか。その感覚は正常です。例えば、前任の作成したExcelを引き継ぎ、理解を始めようと思った矢先にこの数式が出てくると一気にやる気を削がれてしまいます。ここで財務モデルの3つの要件を思い出して下さい。「分かりやすさ」、「作りやすさ」、そして「頑丈さ」です。その一つ「分かりやすさ」には、「そのセルで何をしようとしているのか？」が直感的に分かることも含まれます。そのため、直感的にイメージが湧かず、見る気を削いでしまう数式は財務モデルで用いるべきではありません。

　では次に、この数式の複雑さ（あえて言おう、ウザさであると。）の原因は具体的に何なのか？筆者は、その原因は以下の2つであると考えます。

数式の複雑さの原因

　①　見た目がごちゃごちゃしている。（形式面の問題）

　②　必要以上に複雑になっている。（内容面の問題）

1.　見た目がごちゃごちゃしている。（形式面の問題）

　パッと見で即閉じしたくなるような数式は、理解やチェック（に着手）するまで時間がかかってしまいます。また、そもそも理解するのに時間も労力もかかります。さらに、見た目がごちゃごちゃしている数式をチェックする担当者はしばしば「ここまで複雑な数式を組めるということは、きっと Excel のスキルも高いということだろうから、きっと正しくできているだろう」と言う心理状態に陥ってしまいがちです。そして複雑な数式のチェックは後回しにされ、結局時間切れとなってしまいチェックされないままになる、と言う「だろう運転」ならぬ「だろうレビュー」が起きてしまいます。

見た目が複雑な数式の問題点

　①　着手に時間がかかる

　②　理解に時間がかかる

　③　「だろう」レビューを招く

　このようなやる気を削いでしまうような数式は、形式面で以下のような特徴があります。

見た目が複雑な数式の形式面の特徴

　①　数式バー内で 2 行以上にわたる

　②　親指より長い数式

　③　30 秒で説明できない

　数式に関する形式面のルールについては後述の丸の内ルールで説明します。

2.　必要以上に複雑になっている。（内容面の問題）

　前述の通り、複雑な数式は理解やチェックに必要以上の時間と労力がかかります。また、数式が複雑になればなるほど数式内にミスが多く含まれ、かつ、発見

されずに潜んでいる可能性が高まります。結果として財務モデルの「分かりやすさ」や「頑丈さ」（の基礎となる「正確さ」）を損ねてしまいます。

　分かりやすく頑丈な財務モデルを作成するためには、前述の丸の内ルールの根本思想たる KISS の原則を徹底することが必要です。数式のシンプルさの追求は、ブックやシートのシンプル化に比べてルールが具体的、画一的かつ明確です。そのため、必ずしも多くの実務経験を積み重ねなくても、意識付けて取り組めばプロのモデラーでなくてもすぐにマスターできます。そのため、数式に関するルールはとりわけ意欲を持って取り組んで下さい。参考までに KISS の原則に照らして、前述の数式の具体的な問題点を列挙します。

---

fx | =IF(AVERAGE(桑名支店!D2:D4)>3000,IF(AVERAGE(桑名支店!D2:D4)<8000,SUM(
'¥¥chnch001¥Users¥49408669¥Desktop¥事業計画¥[201701 24_2016年度実績.xls]前提条件]
[201701 24_2016年度実績.xls]前提条件'!N29:N30)+GESTEP(N22,$G$22)+#REF!,0),計算!$G$15)

問題点

① 複数の IF が含まれている。

=<u>IF</u>(AVERAGE(桑名支店 !D2:D4)>3000,<u>IF</u>(AVERAGE(…

② 複数の関数が含まれている。

=IF(<u>AVERAGE</u>…,IF(<u>AVERAGE</u>(…)<8000,<u>SUM</u>(…)+<u>GESTEP</u>(…),…),…)

③ 他シートの情報を数式に含めている。

AVERAGE(<u>桑名支店</u> !D2:D4)

④ ベタ打ち（Hard coded）情報が含まれている。

><u>3000</u>…<<u>8000</u>

⑤ 他のファイルの情報を数式に含めている。

<u>'\\chnch001\Users\49408669\Desktop\ 事 業 計 画 \ [20170124_2016 年 度 実</u>
<u>績 .xls] 前提条件 '</u>!N29:N30

⑥ 一般的に知られていない関数が含まれている。

<u>GESTEP</u>(N22,$G$22)

⑦ 参照先セルに自分のシートの名前が入ってしまっている。

…,<u>計算 !</u>$G$15)

⑧ #REF! エラーが含まれている。

+GESTEP(…)+<u>#REF!</u>,…)

⑨ 0（ゼロ）が入力されている。

IF(…+GESTEP(…)+…,<u>0</u>)

⑩ 必要以上にカッコ（）が使われている。

…+<u>(</u>GESTEP(N22,$G$22)<u>)</u>+…

⑪ 不等号の向きが統一されていない。

=IF(AVERAGE(…)<u>≥3000</u>,IF(AVERAGE(…)<u>≤8000</u>,…

　以上の指摘事項を見て、素直にうなずける項目もあれば、なぜ問題点なのか？と言う項目もあるかもしれません。以降これらの指摘事項のうち主要なものについて、何が問題なのか？どうしたら解決できるのか？について解説します。

12 丸の内ルール：
数式は短く

キーメッセージ

① 数式はなるべく短くする。

② 数式は簡潔に説明できるようになるまで短くする。

　繰り返しになりますが、数式は KISS の原則にのっとり極力シンプルなものにしなければなりません。では具体的にどのようにシンプルにするのか？について、ここでは形式の観点からあるべき数式の姿について解説したいと思います。

　既に解説した通り、複雑な数式とは「見た目がごちゃごちゃしている」数式です。より具体的に言えば、以下の3つの特徴のいずれかを持っています。

複雑な数式の特徴（形式面）

① 数式バー内で2行にわたる長さ

② 親指より長い数式

③ 30秒で説明できない

　逆に言えば上記の特徴をクリアできている数式は、少なくとも見た目ではシンプルな数式と言うことができます。見た目の複雑さやシンプルさと言う尺度は主観的なもので、人それぞれです。しかしながら、数式の一定程度のシンプルさを求めるべく、丸の内ルールではあえて客観的具体的なルールを設けます。それでは以下個々のルールについて解説します。

（1）　2行にわたる数式は禁止

　前述の丸の内ルールで示した数式を実際の Excel の数式バーで見ると以下のように見えます。

fx	¥¥chnch001 ¥Users¥49408669¥Desktop¥事業計画¥[[201 701 24_2016年度実績.xls]前提条件] [201 701 24_2016年 ⊙
C	D E F G H I J K L M ▲

　数式があまりに長すぎて数式バーに収まりません。そこで、数式バーの右にあ

る下矢印のボタンをクリックして数式バーを展開すると以下のように数式の全て
を見ることができます。

> fx =IF(AVERAGE(桑名支店!D2:D4)>3000,IF(AVERAGE(桑名支店!D2:D4)<8000,SUM(
> '¥¥chnch001¥Users¥49408669¥Desktop¥事業計画¥[201701 24_2016年度実績.xls]前提条件]
> [201701 24_2016年度実績.xls]前提条件'!N29:N30)+GESTEP(N22,$G$22)+#REF!,0),計算!$G$15))

　個人の感覚の差はあるものの、一般的には数式バーに2行にわたる数式は、モ
デラーにとっても読み手にとっても気持ちを萎えさせてしまうものです。また、
数式全体を見るために1クリック余計な作業も発生し、蓄積すれば時間と労力の
浪費にも繋がってしまいます。

　そのため、丸の内ルールでは数式の組立ての目安として、この数式バー1行以
内の長さと定めます。2行以上にわたる長さの数式を1行以内に収める具体的手
法は様々です。後述の丸の内ルールで詳細は解説しますが、大まかに言えば「数
式を分解する」ことと「なるべく関数を使わない」ことで数式の短縮化はほぼ達
成されます。

　ただし、数式の性質上どうしても他のシートを参照しなければならず、結果と
して数式が長くなってしまうケースも当然に想定されます。例えば、INDEX関数
とMATCH関数のコンビネーションを用いるようなケースです（このINDEX・
MATCHのコンビネーションの果たす具体的な役割は別の機会で解説しますが、要
するにVLOOKUP関数のように、指定した範囲の中から検索条件に一致したデー
タを検索し、返してくれます）。

> fx =INDEX('元資料（名前の定義なし）'!$A$2:$G$30,MATCH($A4,'元資料（名前の定義なし）'!$A$2:$A$30,),MATCH(E$2,'元資料（名前の
> 定義なし）'!$A$2:$G$2,))

　このように仕方なく長くなる数式であっても、ひと工夫するとさらに短くなる
ケースがあります。その典型例として「名前の定義」があります。

> fx =INDEX(集計範囲,MATCH($A4,集計縦軸,),MATCH(E$2,集計横軸,))

　「名前の定義」の使い方についても別の機会で解説します。このように様々な方
法で数式を短くすることで、モデラーにとっても読み手にとっても財務モデルが
作りやすく、かつ、見やすくなります。少なくとも「この数式の意味を理解して
みよう」と言う気持ちまでは起きるのではないでしょうか。

（2） 親指ルール

　複雑な数式を組み立てないようにする形式的なルールをもう一つ解説します。つまり、数式は自分の親指より短くする、と言うものです。財務モデリングの業界では Rule of Thumb と呼ばれています。本来 Rule of Thumb とは、「経験則」とか「大雑把な目安」と言う意味ですが、より実態に即した日本語は「目の子」です。その目の子として、モデラー自身の親指の長さ（付け根から指先まで）を用いてその範囲内で数式を完結させる、と言うものです。ちなみに、日本人の親指の長さの平均は、男性で 6.1cm、女性で 5.6cm です（出所：国立研究開発法人産業技術総合研究所　人間情報研究部門　デジタルヒューマン研究グループ　公開データ　AIST 日本人の手の寸法データ）。モデラーは、数式を入力し終えたら数式バーに自分の親指を当ててみて、親指より短い数式となっているかを確かめて下さい。もし親指より長かった場合、その数式をもっとシンプルにできないか、後述の他の丸の内ルールを駆使して数式を分解又は単純化できないかを検討してみて下さい。

（3） 30 秒ルール

　最後に 30 秒ルールについて解説します。30 秒ルールとは、数式は 30 秒以内に説明できる内容のものにしなければならないというものです。筆者は、財務モデリングの研修やトレーニングセッションを行う際、事前にお願いした宿題 Excel にやや複雑な数式が入力されている場合、その内容について 30 秒以内での説明を求めます。するとほぼすべてのケースで（どれだけ早口であっても）30 秒以内に口頭で分かるような説明を受けたことはありませんでした。とりわけ、IF 関数の中にさらに IF 関数が含まれているなど、一つの数式の中に IF が複数存在するだけで 30 秒での説明が苦しくなってきます。このような IF の中に IF が含まれる数式を丸の内プレップでは「IF のマトリョーシカ」と呼び、その使用を禁止しています。この点は後ほど解説します。

　30 秒ルールが守れるようになってくると、結果として一つの数式には一つの役割や意味合いしか持たせることができなくなります。これはビジネス文書のルールにある一文一内容と全く同じです。

13 数式のお作法：
IF のマトリョーシカは禁止

A B C D	E F	G H I	J K	L	M	N	O
財務モデリング・ブートキャンプ			実績or計画	計画	計画	計画	
撤退基準判定			期	第13期	第14期	第15期	第16期
			事業年度	2020年度	2021年度	2022年度	2023年度
			開始日	2020/1/1	2021/1/1	2022/1/1	2023/1/1
			終了日	2020/12/31	2021/12/31	2022/12/31	2023/12/31
			日数	366日	365日	365日	365日
1 撤退基準判定							
		純資産の額		12,762	6,081	279	(6,564)
		営業利益		2,432	(9,117)	(7,818)	(8,985)
		営業活動によるキャッシュ・フロー		1,709	4,116	(1,549)	(614)
		撤退フラグ (IFのマトリョーシカでロジックを誤ったケース)	=IF(N11<0,IF(N13<0,IF(N15<0,1,),),)	-	-		=IF(N11<0,IF(N13<0,IF(N15<0,1,),),)
		撤退フラグ (ORを用いたケース)	=OR(N11<0,N13<0,N15<0)*1	-	1	1	1

キーメッセージ

① **IF を重ねるごとにロジックが破綻するリスクが高まる。**

② **IF を一つずつ分解するか IF を使わない数式の組み立てでシンプルに。**

③ **原則一つの数式には一つの IF のみ。**

便利な Tips

① [F2]：アクティブ（選択している）セルを編集

② [Shift] + [F3]：「関数の挿入」のダイアログボックスの表示（数式の検査に便利）

　財務モデリングを進めていくうえで不可欠になるのが IF 関数です。IF 関数は、とある条件を満たしているか否かで返す情報を別にしてくれる便利な関数です。その便利さゆえに多用されることが多いですが、多用しすぎると問題点も出てきます。それは一つの数式に複数の IF 関数を含めてしまう場合です。以下の数式を例に挙げてその問題点を見ていきます。

 =IF(D6="Yes",IF(D7>=70,IF(D8>=180,IF(D9<>"長男",IF(AND(D10>=27,D10<=35),IF(D11>=7000000,1,0),0),0),0),0),0)

（1）　問題点その 1：数式が長くなる。

　まず、ぱっと見でうんざりしてしまったのではないでしょうか。うんざりした時点で財務モデルの検査の精度は下がってしまいます。次に、前述の数式の形式基準と照らし合わせても、数式バーで 2 行に渡ってしまっています。また、親指よりも長い数式になってしまっています。さらに、この数式の内容を 30 秒で説明できるモデラーはほとんどいないと言う点からも丸の内ルールにもとる数式になっています。このような長い数式は複数の関数、とりわけ IF が複数使われることによって生じることがほとんどです。

　この例のように IF が出てくる数式のことを「IFのマトリョーシカ」と呼ぶことにします（なお、プログラミング実務上複数の関数が重なる状態を「入れ子」とか「ネスティング」と呼ばれています）。

（2）　問題点その 2：論理が破綻する可能性が高まる。

　Excel2016 では、最大 64 個の IF を含めることが可能です。しかし、筆者の実務経験上、IF が 3 つ以上になってくると、上級スキルを持つモデラーであっても論理を正しく維持することが非常に困難になってきます。

　では、シンプルな設例で IF のマトリョーシカの問題点を解説します。

	実績α計画	計画	計画	計画	計画
財務モデリング・ブートキャンプ	期	第13期	第14期	第15期	第16期
撤退基準判定	事業年度	2020年度	2021年度	2022年度	2023年度
	開始日	2020/1/1	2021/1/1	2022/1/1	2023/1/1
	終了日	2020/12/31	2021/12/31	2022/12/31	2023/12/31
	日数	366日	365日	365日	365日
1 撤退基準判定					
純資産の額		12,762	8,081	279	(6,564)
営業利益		2,432	(9,117)	(7,818)	(8,985)
営業活動によるキャッシュ・フロー		1,709	4,116	(1,549)	(614)

　上記の設例はとある会社の投資先撤退基準です。投資しているこの会社の投資先からの撤退基準は以下の通りとします。

> **撤退基準**
>
> 以下のいずれかの条件を満たした場合、撤退を検討する。
>
> ① 債務超過となった場合
>
> ② 営業損失が発生した場合
>
> ③ 営業活動によるキャッシュ・フローがマイナスとなった場合

そこで、撤退基準に該当するか否かを判断する担当者が以下のような財務モデルを構築しました。

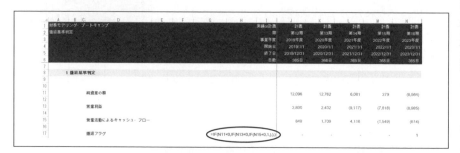

債務超過、営業損失、マイナスの営業活動によるキャッシュ・フローと３つの判定対象があるため、IFを三つ重ねています。しかしながら、ここでIFのマトリョーシカの問題点が発生しています。そしてこのIFのマトリョーシカの構造が、ロジックの誤りを誘発してしまっているのです。

=IF(N11<0,IF(N13<0,IF(N15<0,1,),),)

具体的には、撤退基準は債務超過、営業損失、マイナスの営業活動によるキャッシュ・フローの「いずれか」が発生したら撤退基準に該当するはずです。しかしながら、第14期は営業損失が、第15期は営業損失とマイナスの営業活動によるキャッシュ・フローが発生しているにもかかわらず、債務超過が発生していないため、撤退基準に該当しない結果となってしまっているのです。

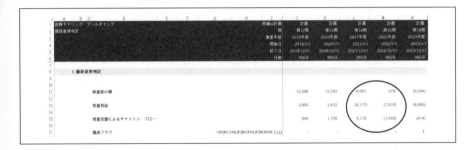

　もちろんこのロジックの誤りはモデラーが注意深く数式を構築すれば防ぐことができます。しかしながら、財務モデリング実務上 IF のマトリョーシカを使ってしまうとこのようなロジックの誤りを誘発してしまうことが多いのです。

　ではこのような「IF のマトリョーシカ」をどのように解決したら良いのか？その解決方法は以下の三つです。

IF のマトリョーシカの解消方法
　①　IF 式を一つずつ分解する
　②　フラグを活用する
　③　IF 以外の関数を使う

①　IF 式を一つずつ分解する

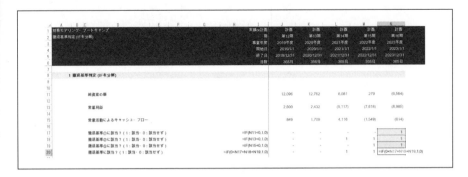

　まず、IF を一つ一つ解きほぐしていくことから試みます。すなわち、一つの数式に IF が一つになるまで数式を分解していきます。その手順を以下の通り解説します。

　最初に「IF のマトリョーシカ」が含まれているセルをアクティブにしてから

〔 F2 〕キーを押します。

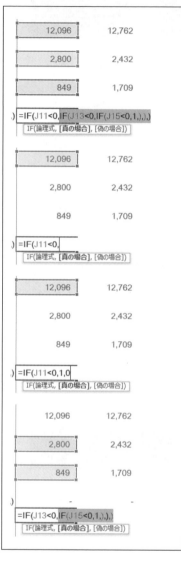

次に、数式バーにある前から 2 番目の IF の直前から数式の最後まで選択します。

そして選択した部分を〔 Ctrl 〕＋〔 x 〕で切り取ります。

そして、結果のアウトプットの部分に該当する場合（TRUE の場合）1 を、該当しない場合（FALSE の場合）0 を返すべく、以下のように付け加えて〔 Enter 〕を入力します。

次に一行下のセルに「＝」を入力した後、先程切り取った数式を〔 Ctrl 〕＋〔 v 〕で貼り付けます。

以下同様に二番目の IF を切り取り「,1,0,)」を入力して、さらにまた別のセルに…と言う手順を 1 つの数式に IF が一つになるまで繰り返します。なお、ここで 1 やゼロを返すことには意味があります。後ほど「フラグ」の部分で解説します。

さて上記手順によって IF を分解した結果が以下の通りです。撤退基準①から③までの結果が一つでも 1 の場合、言い換えるとそれぞれの結果の合計がゼロより

大きい場合に撤退基準に該当する、と言う最終判断の数式が一番下に組み込まれ
ています。

撤退基準①に該当？ (1 : 該当・ 0 : 該当せず)	=IF(J11<0,1,0)
撤退基準②に該当？ (1 : 該当・ 0 : 該当せず)	=IF(J13<0,1,0)
撤退基準③に該当？ (1 : 該当・ 0 : 該当せず)	=IF(J15<0,1,0)
撤退基準に該当？ (1 : 該当・ 0 : 該当せず)	=IF(0<J17+J18+J19,1,0)

② フラグを活用する

フラグについては別の丸の内ルールにて解説します。ここでは IF 関数を用いた
場合とフラグを用いた場合での数式のシンプルさを下記の通り比較することに留
めます。

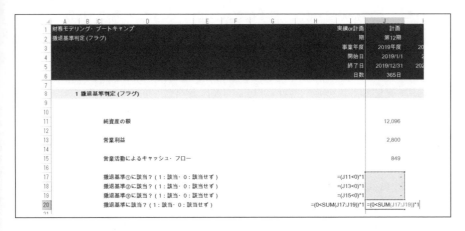

上記のように IF がない分すっきりします。

③ IF 以外の関数を用いる

最後に IF 関数で表現している内容を、IF を用いずに表現することを試みます。
一見矛盾したことのように感じますが、数式をよりシンプルに仕上げるのに役立
ちます。

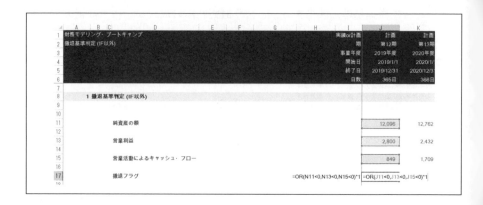

COLUMN　関数が複数存在する数式の読み解き方のコツ

　財務モデリングの実務上は、複雑な数式に出くわし、その数式の内容を理解しなければならないケースは多く存在します。そこで、このような長く複雑な数式の読み解き方のコツについて解説します。

　まず、読み解きたい数式の入ったセルをアクティブにして、[Shift] + [F3]（関数の挿入）を入力します。

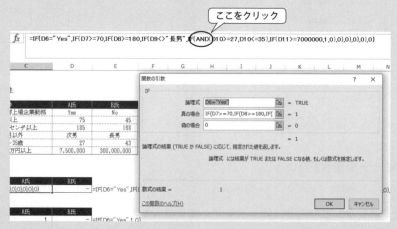

　すると、数式バーに表示される数式は全て太字で表示されています。そこで、2番目以降に登場する関数の文字の上をクリックして下さい。ここでは、AND関数をクリックしてみます。

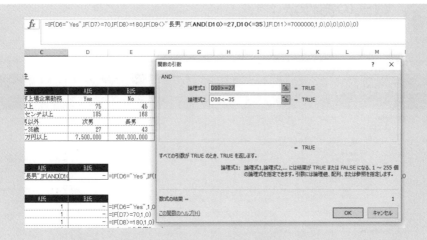

　すると、数式バーの数式はクリックした関数の関係ある部分のみが太字となります。そして「関数の引数」ウィンドウにはクリックした直後に存在する関数の各要素について解説とその結果を載せてくれます。

　このように各関数をクリックしていけば、マトリョーシカ内部の IF についても読み解きやすくなります。しかしながら、やはりこのような読み解き方は、一つの関数しか含まない数式の読み解きに比べて手間がかかります。そのため、モデラーは、依然としてシンプルな数式の組み立てを心がけて下さい。

14 数式のお作法：
フラグを活用

		事業計画年度期	第1期	第2期	第3期	第4期	第5期	第6期	
財務モデリングブートキャンプ									
Calculation	事業計画	計画	計画	計画	計画	計画	計画		
ベース・ケース	開始日	2019/4/1	2020/4/1	2021/4/1	2022/4/1	2023/4/1	2024/4/1		
	終了日	2020/3/31	2021/3/31	2022/3/31	2023/3/31	2024/3/31	2025/3/31		
	日数	366日	365日	365日	365日	366日	365日		

1 製造ライン増設フラグ

1.1 フラグ

製造ライン増設日　日付　2021/7/1

確認期間

増設前フラグ	フラグ		1	-	-	1	-	-	-	=AND(O$4<=$G$12,$G$12<=O$6)*1
増設中フラグ	フラグ		4	-	-	1	1	1	1	=($G$12<=O$6)*1

1.2 フェーズごとの期間に占める比率

増設前	%		224.93%	100.00%	100.00%	24.93%	0.00%	0.00%	0.00%	=MAX(0,(MIN(O$6,($G12-1))-O$4)+1)/O$6
増設後	%		375.07%	0.00%	0.00%	75.07%	100.00%	100.00%	100.00%	=1-O20
合計	%		600.00%	100.00%	100.00%	100.00%	100.00%	100.00%	100.00%	=SUM(O20:O21)

2 設備投資額及び減価償却費

2.1 設備投資額

設備投資額（ライン増設）	百万円	16,000	16,000	-	-	16,000	-	-	-	=$G29*O$15

2.2 減価償却費

期首残高	百万円			-	-	11,996	6,663	1,330	=N36
設備投資額	百万円	16,000	16,000	-	-	16,000	-	-	=O29
減価償却費	百万円	3年	(16,000)	-	-	(4,004)	(5,333)	(5,333)	(1,330)	=MIN($G34/$G35*O21,SUM(O33:O34))*-1
期末残高	百万円			-	-	11,996	6,663	1,330	=SUM(O33:O35)

キーメッセージ

① **IF 関数の代わりにフラグを活用してシンプル化**

② **イベントフラグを用いてシミュレーションをシンプル化**

1. フラグとは

　「フラグ」と言う言葉は聞いたことがあると思います。例えば、戦争アニメの終盤のクライマックスとなる戦いの前でとある若い兵士が「俺、この戦いが終わったら結婚するんだ…。」と言うと、その若い兵士はほぼ必ず戦死します。「死亡」と言う（不幸な）イベントを引き起こすこのセリフは死亡フラグと言われます。その他にも、ドラマで主婦が「何やら焦げ臭いわねえ」とつぶやくと十中八九火事が起きます。これは火事フラグと呼ばれます。Wikipedia によれば、フラグとは、「小説・ドラマ・漫画・アニメ・シミュレーションゲーム等のストーリーにおいて、後に特定の展開・状況を引き出す事柄を指す用語である。」と定義されています。

一般なフラグ

「小説・ドラマ・漫画・アニメ・シミュレーションゲーム等のストーリーにおいて、後に特定の展開・状況を引き出す事柄を指す用語」(Wikipediaより)

俺、この戦いが終わったら結婚するんだ…。

何やら焦げ臭いわねえ…。

死亡フラグ　　　　　　　火事フラグ

　財務モデリングにおいても、フラグは重要な役割を果たします。それは、とあるイベントが発生するタイミングを色々変えるようなシミュレーション分析にフラグが必要となる、と言うことです。下記の例で示すように、設備投資をいつのタイミングで実行するのか?と言うシミュレーション分析を行いたいシーンを想定して下さい。

財務モデリングのフラグ

「イベントが起きたら"1"が立つ」

1．事業計画3年目に100億円の大規模設備投資が予定されている。

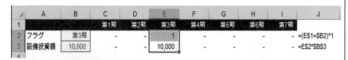

2．当該設備投資が4年目に遅れるシナリオの場合。

シナリオごとにわざわざシートを2枚以上作らなくても済む。
(シートが増えるだけ点検作業が倍増する)

　第3期で設備投資を実行する場合、第4期で実行する場合の2シナリオを分析したい場合、当該分析シートをコピーして2枚同じシートを作成し、一方のシートを第3期に設備投資を実行するシナリオ、他方のシートを第4期に設備投資を実行するシナリオとした経験はないでしょうか？若しくはファイルごと複製し、ファイル名に「第3期ケース」と「第4期ケース」などと名前を付した経験があるかもしれません。しかし、シートやファイルを増やす必要がなければ増やさずに済ませたいのが財務モデリングです。シートやファイルが増えれば増えるほどチェックの手間が倍増してしまうためです。そこで、このようなシミュレーション分析にフラグが役立ちます。フラグはやや Excel 的な色が強いので、以下丁寧に解説します。

2. TRUE と FALSE

　フラグを活用する最初のステップは「論理値」の理解です。小難しいイメージの「論理値」ですが、簡単に言えば、「検査の対象が論理的に正しいか否かの結果」ことです。正しい場合 TRUE が、正しくない場合は FALSE が返ってきます。これら TRUE と FALSE のことを「論理値」と言います。理解のためには具体的な数式を見るのが早いので、下記の「数式」を見て下さい。

数式	結果
＝（1＋1＝2）	TRUE
＝（9＊9＝72）	FALSE

　上の数式「1＋1＝2」は（論理的に）正しいです。そのため、この数式の結果としてTRUEが返ってきます。一方で下の数式「9×9=72」は（論理的に）誤りです。その結果としてFALSEが返されることになります。

　それでは次に下記の数式と結果を見て下さい。

数式	結果
＝（1＋1＝2）＊1	1
＝（9＊9＝72）＊1	0

　前に挙げた数式に「＊1」と1を乗じています。その結果、TRUEに1を乗じたものは1が、FALSEに1を乗じたものはゼロが返ってきました。この時、1として返ってきた結果を財務モデリング上「フラグ」として用いることになります。

3.　フラグの仕組み

　では次に、具体的にどのように財務モデルにフラグを組み込むのか？について解説します。

　冒頭で示した設備投資のタイミングをシミュレーションする例を再掲します。B2セルに設備投資をする事業年度の期数、B3セルに設備投資額を入力しています。

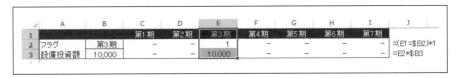

	A	B	C	D	E	F	G	H	I	J
1			第1期	第2期	第3期	第4期	第5期	第6期	第7期	
2	フラグ	第3期	－	－	1	－	－	－	－	=(E1=$B2)*1
3	設備投資額	10,000	－	－	10,000	－	－	－	－	=E2*$B3

　2行目の「フラグ」の行の各セルには以下のような数式が入力されています。なお、1行目は書式設定によって数値を「第X期」と表現された数値が入力されています。

```
C2 = (C1=$B2)*1          G2 = (G1=$B2)*1
D2 = (D1=$B2)*1          H2 = (H1=$B2)*1
E2 = (E1=$B2)*1          I2 = (I1=$B2)*1
F2 = (F1=$B2)*1
```

　末尾の「＊１」の前のカッコの中の論理式は何を意味しているのでしょうか？Ｃ２セルを例にとって解説します。Ｃ１セル、つまり事業年度の期数の「第１期」が、Ｂ２セルに入力されている設備投資を実施する事業年度の期数「第３期」と一致している、と言う論理式を意味しています。Ｄ２以降のセルも同様に以下のような論理式を含めた数式を意味しています。

```
C2 = ( 第 1 期 = 第 3 期 )*1          G2 = ( 第 5 期 = 第 3 期 )*1
D2 = ( 第 2 期 = 第 3 期 )*1          H2 = ( 第 6 期 = 第 3 期 )*1
E2 = ( 第 3 期 = 第 3 期 )*1          I2 = ( 第 7 期 = 第 3 期 )*1
F2 = ( 第 4 期 = 第 3 期 )*1
```

　左記の通り、この中で論理的に正しいのは、Ｅ２セルのみで、それ以外のセルは論理的に正しくないことになります。つまり、それぞれのセルは論理値で表現すれば、以下のような意味合いがあります。

```
C2 = (FALSE)*1   0          G2 = (FALSE)*1   0
D2 = (FALSE)*1   0          H2 = (FALSE)*1   0
E2 = (TRUE)*1    1          I2 = (FALSE)*1   0
F2 = (FALSE)*1   0
```

　そして TRUE が返ってきたＥ２セルのみがフラグ１が立ち、それ以外のセルではフラグが立たない、これがフラグの仕組みです。

4.　フラグはなぜ１とゼロなのか

　ここで、以下のようなそもそもの疑問が湧いてくるかもしれません。すなわち、「フラグは１とゼロである必要があるのか？」と言うものです。議論の余地はあるものの、丸の内ルールではフラグは１とゼロで表現することをお薦めします。その理由をいくつかの想定される事例をもとに説明します。

　例えば、以下のケースのように、フラグを「実行」と「実行せず」にした方が1とゼロよりも余程直感的で見た目的にも分かりやすい、と言う意見もあります。その意見に筆者も反対意見はありません。しかし、このように文字をフラグにすることは以下の2つの問題点があります。

	A	B	C	D	E	F	G	H	I	J	K	L
5			第1期	第2期	第3期	第4期	第5期	第6期	第7期			
6	フラグ	第3期	実行せず	実行せず	実行	実行せず	実行せず	実行せず	実行せず	=IF(E5=$B6,"実行","実行せず")		
7	設備投資額	10,000	-	-	10,000	-	-	-	-	=IF(E6="実行",$B7,0)		

　一つ目は、上記の6行目の数式のように、フラグを1とゼロにする場合よりも数式が長くなってしまうことです。この事例は極めてシンプルなので、それほど数式の長さに差はありません。しかし、財務モデリングの実務でより複雑なシミュレーション分析を行う場合は、数式がより長くなってしまい、数式の複雑化のおそれがあります。

	A	B	C	D	E	F	G	H	I	J	K	L
8												
9			第1期	第2期	第3期	第4期	第5期	第6期	第7期			
10	フラグ	第3期	N/A	N/A	CAPEX	N/A	N/A	N/A	N/A	=IF(I9=$B10,"CAPEX","N/A")		
11	設備投資額	10,000	-	-	-	-	-	-	-	=IF(I10="実行",$B11,0)		
12												

　二つ目はさらに深刻な問題です。それはフラグとしている文字を途中で変更する際に変更漏れが起きる可能性があることです。上記の例は、従来はフラグを日本語で書いていたものの、上司が必ずしも日本語を得意としないために英語のフラグに変えたケースです。フラグの行のIF関数を修正して安心してしまったのでしょう。11行目のIF関数内のフラグの文字を直し漏れています。

　以上の理由から、丸の内ルールではフラグに文字を使うことはお薦めしません。

　もしかしたら、さらに次のような疑問が浮かぶかもしれません。つまり、「より短い数式を組み立てるためには末尾の＊1を省いた方が良いのではないか？」と言うものです。

　この疑問に対する丸の内ルールの答えとしては、「趣味の問題だが、計算結果がTRUEとFALSEよりもすっきり見えるので、1とゼロを推奨する」と言うものです。以下の2つのケースを見比べると分かります。ただし、TRUEとFALSEでも違和感がなかったり、過去から慣れ親しんでいたりする場合はそのままTRUEとFALSEをフラグとして用いても問題ありません。

	A	B	C	D	E	F	G	H	I	J
1			第1期	第2期	第3期	第4期	第5期	第6期	第7期	
2	フラグ	第3期	FALSE	FALSE	TRUE	FALSE	FALSE	FALSE	FALSE	=(I1=$B2)
3	設備投資額	10,000	－	－	10,000	－	－	－	－	=I2*$B3

	A	B	C	D	E	F	G	H	I	J
1			第1期	第2期	第3期	第4期	第5期	第6期	第7期	
2	フラグ	第3期	－	－	1	－	－	－	－	=(E1=$B2)*1
3	設備投資額	10,000	－	－	10,000	－	－	－	－	=E2*$B3

5. 設例

　最後に、財務モデリングの実務により近い設例でフラグの活用方法について解説します。この設例では、将来の事業計画期間中のとある時点で製造ラインを増設する財務モデリングの構築を想定します。

　このようなシミュレーション分析を行う際、最初に考えなければならないことは、「イベントが起きた時に、財務情報にいつどんな影響があるのか？」と言うことです。本設例では、「製造ラインの増設」と言うイベントが起こった場合、財務情報に以下の影響があるものと考えられます。

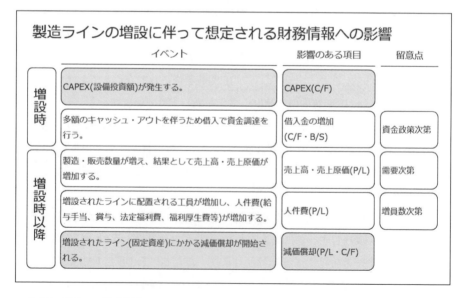

　上記の通り、財務情報への影響は、イベントが発生（製造ラインが増設）した日の影響と、それ以降の影響の2種類に分けられます。財務モデリングにおける

フラグは、前者のようなイベントが発生を表す「タイミングフラグ」と、後者のような該当期間を表す「期間フラグ」と呼びます。この他に、該当期間中何期目かを数える「カウンター」の3種類があります。本書では「タイミングフラグ」と「期間フラグ」について解説します。

フラグの種類

① タイミングフラグ

② 期間フラグ

③ カウンター

本設例では、上記イベントのうち固定資産関係にフォーカスしてフラグを織り交ぜた財務モデリングを解説します。まず、製造ラインを増設する日を入力します。本設例ではG12セルに入力されています。

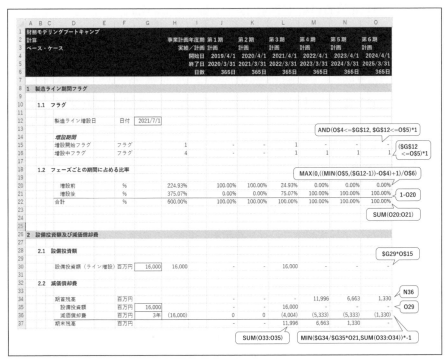

次に、「製造ラインが増設された事業年度」の影響を財務モデル上反映させるため、15行目に「増設開始フラグ」を構築します。ここでは、シートの上部にある時間軸の事業年度の「開始日」（4行目）と「終了日」（5行目）を活用します。

フラグの構築はまず「大まかな理屈から考える」ことから始まります。つまり、「どんな時にフラグが立つようにしたいのか？」を考えるのです。そして、徐々にExcelで表現できるような財務モデリング的表現に落とし込んでいきます。下記はその落とし込みの例です。

> フラグが立つ時とは・・・？
>
> ↓
>
> 「製造ライン増設日」が事業年度内に含まれるとき
>
> ↓
>
> 「製造ライン増設日」が「開始日」と「終了日」の間にある時
>
> ↓
>
> 「開始日」≦「製造ライン増設日」かつ「製造ライン増設日」≦「終了日」

　上記の最後に辿り着いた「「開始日」≦「製造ライン増設日」かつ「製造ライン増設日」≦「終了日」」と言うロジックであれば、Excelの数式で表現できます。第6期のO15セルのフラグの数式を例にとってみます。

> **第6期のフラグ**
> =AND(第6期の開始日≦製造ライン増設日, 製造ライン増設日≦第6期の終了日)*1
> =AND(2024年4月1日≦2021年7月1日, 2021年7月1日≦2025年3月31日)*1
> =AND(O$4<=$G$12,$G$12<=O$5)*1
> =(FALSE)*1
> = ゼロ

　次に、「製造ラインが増設された事業年度以降」の影響を財務モデル上反映させるため、16行目に「増設中フラグ」を構築します。この「増設中フラグ」の数式の組み立てにおいても、どんな時にフラグが立つようにしたいのか？を考えてみましょう。

> フラグが立つ時とは・・・？
>
> ↓
>
> 「製造ライン増設日」が事業年度末日よりも前の時
>
> ↓
>
> 「製造ライン増設日」≦「事業年度末日」

最後のロジックであれば、Excel の数式で表現できます。第 6 期の O16 セルのフラグの数式を例にとってみます。

第 6 期のフラグ

= (製造ライン増設日 ≦ 第 6 期の終了日)*1

= (2021 年 7 月 1 日 ≦ 2025 年 3 月 31 日)*1

= ($G$12<=O$5)*1

= (TRUE)*1

= 1

また、「増設中フラグ」は以下の例のように SUM 関数でフラグの数を合計する方法も考えられます。

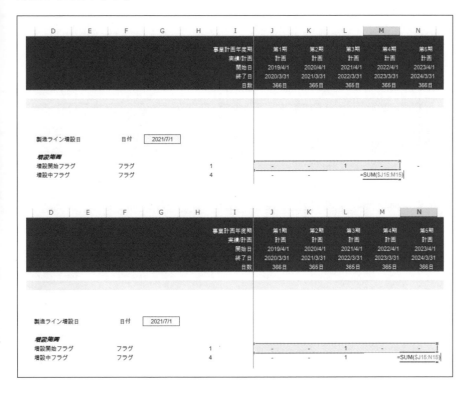

					事業計画年度期	第1期	第2期	第3期	第4期	第6期
					実績/計画	計画	計画	計画	計画	計画
					開始日	2019/4/1	2020/4/1	2021/4/1	2022/4/1	2023/4/1
					終了日	2020/3/31	2021/3/31	2022/3/31	2023/3/31	2024/3/31
					日数	366日	365日	365日	365日	366日

製造ライン増設日		日付	2021/7/1					
増設期間								
増設開始フラグ		フラグ		1	-	-	1	-	-
増設中フラグ		フラグ		4	-	-	1	1	1

　増設開始フラグは期間中必ず1つしか立ちません。そのため、フラグが立った期間以降は、第1期からその期までに含まれるフラグの合計は必ず1になります。結果として「増設中」フラグの役割を果たします。

　次に、18行目から22行目までに入力されている「フェーズごとの期間に占める比率」について解説します。

	A B C	D	E F	G	H	I J	K	L	M	N	O
1	財務モデリングブートキャンプ										
2	計算					事業計画年度期	第1期	第2期	第3期	第4期	第5期	第6期
3	ベース・ケース					実績/計画 計画	計画	計画	計画	計画	計画
4						開始日 2019/4/1	2020/4/1	2021/4/1	2022/4/1	2023/4/1	2024/4/1
5						終了日 2020/3/31	2021/3/31	2022/3/31	2023/3/31	2024/3/31	2025/3/31
6						日数 365日	365日	365日	365日	365日	365日
7											
8	1 製造ライン期間フラグ										
9											
10	1.1 フラグ										
11											
12	製造ライン増設日		日付	2021/7/1							
13											
14	**増設期間**										
15	増設開始フラグ		フラグ		1	-	-	1	-	-	-
16	増設中フラグ		フラグ		4	-	-	1	1	1	1
17											
18	1.2 フェーズごとの期間に占める比率										
19											
20	増設前		%		224.93%	100.00%	100.00%	24.93%	0.00%	0.00%	0.00%
21	増設後		%		375.07%	0.00%	0.00%	75.07%	100.00%	100.00%	100.00%
22	合計		%		600.00%	100.00%	100.00%	100.00%	100.00%	100.00%	100.00%
23											
24											
25											
26	2 設備投資額及び減価償却費										
27											
28	2.1 設備投資額										
29											
30	設備投資額（ライン増設）		百万円	16,000	16,000	-	-	16,000	-	-	-
31											
32	2.2 減価償却費										
33											
34	期首残高		百万円			-	-	-	11,996	6,663	1,330
35	設備投資額		百万円	16,000		-	-	16,000	-	-	-
36	減価償却費		百万円	3年	(16,000)	0	0	(4,004)	(5,333)	(5,333)	(1,330)
37	期末残高		百万円			-	-	11,996	6,663	1,330	-

　まず、なぜこのような期間の比率を算定しなければならないのか？について説明します。それは、そのイベントが発生した事業年度においては、イベントが発生した後にのみ発生する収益や費用が存在するためです。前述の「製造ラインが増設された事業年度以降」における財務情報への影響を思い出して下さい。

キーメッセージ
①　製造・販売数量が増え、結果として売上高・売上原価が増加する。
②　増設されたラインに配置される工員が増加し、結果として人件費が増加する。
③　増設されたライン（固定資産）にかかる減価償却が開始される。

　例えば上記③については、ラインが増設される前には起き得ません。しかしながら、ライン増設後には発生します。より具体的に言えば、2021 年 4 月 1 日に開始する第 3 期において、減価償却費が発生するか否かは以下のように整理されます。

2021 年 4 月 1 日〜 2021 年 6 月 30 日	減価償却費は発生せず
2021 年 7 月 1 日〜 2022 年 3 月 31 日	減価償却費が発生

　よって、第 3 期における減価償却費は、通常の年間ベースでの計算ではなく、設備投資を行った日の前後でそれぞれの期間で按分計算をしなければならないことになります。（なお、我が国の法人税法上は月割りの計算がもとめられています。）そこで、一事業年度における増設前の期間と増設後の期間がどの程度あるのか？を比率でもとめる必要があるのです。

　では、具体的にどのような数式を組めばこのような比率を求めることができるのか？について解説します。

（ア）　「増設前」の比率

　下記のように時系列を図示することが、数式を組み立てる近道となることがあります。例えば増設が行われる第 3 期について図示してみると以下の通りとなります。

　ここでは、上記のシェブロンの部分、すなわち、2021年4月1日から増設日の直前日の2021年6月30日までの比率の算定がゴールです。数式で表すと以下の通りです。

> 増設前比率
>
> 　＝（2021年4月1日〜2021年6月30日までの日数）÷第3期の日数

次に、一期前に戻って第2期について以下の通り図示します。

　第2期については、増設日が到来していないので、第2期の全ての期間が増設前に属します。数式で表すと以下の通りです。

> 増設前比率
>
> 　＝（2020年4月1日〜2021年3月31日までの日数）÷第2期の日数

　この数式の答えを考えるまでもなく、増設前の比率は100%です。

　さて、この第2期と第3期の数式から、財務モデリング上どのような数式を組み立てるべきか考えてみましょう。もう一度数式を以下の通り並べます。

> 第2期：増設前比率
>
> 　＝（2020年4月1日〜2021年3月31日までの日数）÷第2期の日数
>
> 第3期：増設前比率
>
> 　＝（2021年4月1日〜2021年6月30日までの日数）÷第3期の日数

　上記数式で共通しているのは、下線の「期首日」と「事業年度の日数」です。

共通している項目

　= （期首日付〜期末日付）　　　　　÷事業年度の日数

　= （期首日付〜設備投資日前日の日付）　÷事業年度の日数

　共通していないのは、「2021年3月31日」すなわち「期末日」と、「2021年6月30日」すなわち「増設日の前日」です。では、両者の関係は第2期と第3期でどうなっているのでしょうか？

第2期：

　期末日（2021年3月31日）≦増設日の前日（2021年6月30日）

第3期：

　増設日の前日（2021年6月30日）≦期末日（2022年3月31日）

　つまり、「期末日」と「増設日の前日」のうちいずれか前の日、Excel的な言い回しをすればいずれか小さい値の方が計算に選ばれて用いられていることがわかります。これを関数で表すと以下の通りです。

　= Min（期末日 , 増設日の前日）

　= Min（期末日 , 増設日 -1）

　ここまでくると、期間比率の計算式が出来上がりそうです。比率の計算を数式で表すと以下の通りとなります。

第N期：

増設前比率

　= （期首日〜 Min（期末日 , 増設日 -1）までの日数）÷第N期の日数

増設前比率

　= （Min（期末日 , 増設日 -1）- 期首日 +1）÷第N期の日数

　下線の + 1は、Excel上の日数計算がいわゆる「植木算」の「植木の間の数」を算定する仕組みとなっているため、起点日も終了日も含めた「植木の数」とするべく1を加算しています。

　念のため第4期についても計算してみます。

第4期は期首から期末にかけて全ての期間において増設後の期間です。そのため、「増設前比率」はゼロ％となるはずです。そこで、上記の数式を用いて「増設前比率」をもとめると以下のような結果になります。

増設前比率＝（Min（2023/3/31, 2021/7/1-1）-2022/4/1+1）÷ 365
増設前比率＝（2021/7/1-1）-2022/4/1+1）÷ 365
増設前比率＝（2021/6/30-2022/4/1+1）÷ 365
増設前比率＝ -274 ÷ 365
増設前比率＝ -75.07%

　上記の通り、本来ゼロで返って欲しいところがマイナスの計算結果が出てしまいます。これは、増設日前日が期首日よりも前にある（少ない）ため、計算上マイナスとなってしまうことが原因です。そこで、IF 関数をなるべく使わないルールで解説した負の数の代わりにゼロを返す MAX 関数の仕組みを上記の数式に加えます。

増設前比率＝（Min（期末日 , 増設日 -1）- 期首日 +1）÷第 N 期の日数
　　↓
増設前比率
　＝ MAX（0,（Min（期末日 , 増設日 -1）- 期首日 +1）÷第 N 期の日数）

MAX 関数を組み込むと以下のような結果になります。

増設前比率
　＝ MAX（0,（Min（2023/3/31, 2021/7/1-1）-2022/4/1+1）÷ 365）
　＝ MAX（0,（2021/7/1-1）-2022/4/1+1）÷ 365）
　＝ MAX（0,（2021/6/30-2022/4/1+1）÷ 365）
　＝ MAX（0,-274 ÷ 365）
　＝ 0%

　これで増設前比率の数式は完成です。この数式の組み立てのプロセスで大事なことがあります。それは、「数式を組む前にどんな答えが出るはずなのか、当たり

を付けておく」ことです。事前にアウトプットのイメージを持っていれば、計算結果から計算ミスを発見することができる可能性が高まるためです。上記の文章のように「第4期は期首から期末にかけて全ての期間において増設後の期間です。そのため、「増設前比率」はゼロ％となるはずだ」と言う想定を（はずれていても良いので）事前に考える癖を身に付けて下さい。

（イ）「増設後」の比率

では、増設後比率はどうなるのでしょうか？事前に想定してみて下さい。その答えは「必ず1 - 増設前比率になる」と言うものです。そのため、増設後比率の数式は以下の通りシンプルに済ませることができます。

増設後比率＝ 1- 増設前比率

最後に設備投資額（CAPEX）のモデリングにおけるフラグの使い方です。増設にかかる設備投資は増設日に発生します。そのため、「増設開始フラグ」が立った時に設備投資額が計上される仕組みを用意すればよく、以下のようなシンプルな数式になります。

設備投資額＝設備投資額×増設開始フラグ

以上のフラグの活用によって財務モデリングに柔軟性を持たせることができます。すなわち、いつのタイミングでイベントが発生するかというシミュレーション分析をしたい場合も、財務モデル上は複数のシートやファイルを複製しなくてもシンプルな状態を維持したまま、フラグが移動する仕組みによってシミュレーション分析が可能となります。フラグの活用は慣れるまで多少時間がかかりますが、是非とも活用して下さい。

15 数式のお作法：
複雑な数式は分解してシンプルに

財務モデリングブートキャンプ	事業年度 2019年度	2020年度	2021年度	2022年度	2023年度	2024年度
借入金A期末残高	5,000	4,850	4,700	4,550	4,400	4,250
借入金B期末残高	1,500	1,425	1,350	1,275	1,200	1,125
金利合計	=インプット !$C$5*AVERAGE(E4:F4)+AVERAGE(E6:F6)*インプット !$C$7	270	260	251	241	231

財務モデリングブートキャンプ		事業年度 2019年度	2020年度	2021年度	2022年度	2023年度	2024年度
借入金A期末残高		5,000	4,850	4,700	4,550	4,400	4,250
借入金A平均残高		=AVERAGE(E4:F4)	4,925	4,775	4,625	4,475	4,325
借入金B期末残高		1,500	1,425	1,350	1,275	1,200	1,125
借入金B平均残高		=AVERAGE(E7:F7)	1,463	1,388	1,313	1,238	1,163
金利（借入金A）	4.0%	=F5*$C10	197	191	185	179	173
金利（借入金B）	5.0%	=F8*$C11	73	69	66	62	58
金利合計		=SUM(F10:F11)	270	260	251	241	231

キーメッセージ

① なるべく一数式一内容となるように数式を組み立てる。

便利な Tips

① ［ F2 ］：アクティブセルの編集

　この丸の内ルールは、色々な計算を一度に行おうとする数式を組むのではなく、誰にでもすぐに分かるようなシンプルな数式に仕上げる、と言うものです。非常に重要なルールなので、早速具体例を交えて解説します。

1. 複雑な数式の弊害

財務モデリングブートキャンプ						
事業年度	2019年度	2020年度	2021年度	2022年度	2023年度	2024年度
借入金 A期末残高	5,000	4,850	4,700	4,550	4,400	4,250
借入金 B期末残高	1,500	1,425	1,350	1,275	1,200	1,125
金利合計 =インプット !\$C\$5*AVERAGE(E4:F4)+AVERAGE(E6:F6)*インプット !\$C\$7		270	260	251	241	231

上記設例は、借入金の金利を計算している財務モデルです。金利合計の数式に注目して下さい。以下のような数式が入力されています。

> = インプット !\$C\$5*AVERAGE(E4:F4)+AVERAGE(E6:F6)* インプット !\$C\$7

ぱっと見の印象は「やや複雑」です。その理由は、以下の通りです。

やや複雑な理由
① 他のシートの情報を直接リンクしている。
② 要素の並びが前後の式で逆転している。
③ 複数の関数が１つの数式に含まれている。

上記①については、別途の丸の内ルールで解説します。端的に説明すると、「他のシートに移動しないとどのような情報を引っ張ってきているのかを現在のシートで確認できない要素が数式に含まれている点でチェックがやや面倒になる」と言う印象から複雑さを感じてしまいます。

次に②について解説します。これはロジックには問題はなく、あくまで形式的な問題点です。この数式では、利率の異なる二種類のローンの金利の計算のために「利率×平均残高 + 平均残高×利率」と言う計算を行っていることは、数式から何となく伝わります。また、理論上重要な問題もありません（細かい点を言えば日割り計算に対応できるような数式を組めばベターです）。では何が問題なのか？それは「利率×平均残高」と言う並びが後段の式では「平均残高×利率」と逆転していることです。もちろん、どちらが先にあるべきか？について正解はありません。しかしながら、このような情報の並びについても首尾一貫させておかないと、より複雑な数式では、理解するのに必要以上の混乱を生じてしまう可能性があります。また、「この数式の並びの相違は何か意味があるのだろうか？」と言う無用の疑問を惹起させてしまうかもしれません。そのため、単純な数式であっ

てもなるべく秩序だった数式を構築するよう心がけましょう。

　さて、本項の本題となる問題点③について解説します。この数式は、前述の通り利率の異なる二種類のローンの金利の計算を一つの数式で行っています。確かにこの数式を用いれば、一行で二種類のローンの金利を計算することができるので、Excel シートも一行しか消費せず、一見シンプルで省エネな良い印象があるかもしれません。しかし、前述の通り Excel のスプレッドシートは約 100 万行も使えます。また、数行セーブできたところでファイルサイズが劇的に変わることはありません。むしろ、数式が複数の意味を持つにつれ複雑化し、その数式は分かりにくく、かつ、ミスが発生しやすい構造となってしまいます。結果としてモデラーや読み手はその複雑化した数式の理解や見直しのための時間をより多くとられてしまいます。

2.　シンプルにするために

　そこで、IF のマトリョーシカの項で解説したように、複数の意味を持つ数式を単一の意味を持つ数式まで分解していくことを試みて下さい。例えば、設例の金利の計算を計算要素一つ一つに分解してみます。すると以下のような分解の過程を経ることができます。

> 金利合計＝借入金 A の金利＋借入金 B の金利
> ↓
> 借入金 A の金利＝借入金 A の平均残高×利率
> 借入金 B の金利＝借入金 B の平均残高×利率
> ↓
> 借入金 A の平均残高＝借入金 A の期首・期末残高の単純平均値
> 借入金 B の平均残高＝借入金 B の期首・期末残高の単純平均値

　では、上記の過程を Excel 上で表現していきます。まず、Excel シートの上の部分には借入金の残高が記載されていますので、その次の段に平均残高を計算する数式の行を挿入します。

財務モデリングブートキャンプ 事業年度		2019年度	2020年度	2021年度	2022年度	2023年度	2024年度
借入金 A期末残高		5,000	4,850	4,700	4,550	4,400	4,250
借入金 A平均残高	=AVERAGE(E4:F4)		4,925	4,775	4,625	4,475	4,325
借入金 B期末残高		1,500	1,425	1,350	1,275	1,200	1,125
借入金 B平均残高	=AVERAGE(E7:F7)		1,463	1,388	1,313	1,238	1,163

　次にそれぞれの借入金ごとに金利を計算するセクションを、平均残高を算定した行の下の部分に作ります。その際、他のシートに存在する利率は、一旦このシートのいずれかの場所を経由させてから、計算式に組み込みましょう。本設例で言えば、C10 セルと C11 セルに利率を経由させています。

財務モデリングブートキャンプ 事業年度			2019年度	2020年度	2021年度	2022年度	2023年度	2024年度
借入金 A期末残高			5,000	4,850	4,700	4,550	4,400	4,250
借入金 A平均残高		=AVERAGE(E4:F4)		4,925	4,775	4,625	4,475	4,325
借入金 B期末残高			1,500	1,425	1,350	1,275	1,200	1,125
借入金 B平均残高		=AVERAGE(E7:F7)		1,463	1,388	1,313	1,238	1,163
金利（借入金A）	4.0%	=F5*$C10		197	191	185	179	173
金利（借入金B）	5.0%	=F8*$C11		73	69	66	62	58
金利合計		=SUM(F10:F11)		270	260	251	241	231

　そしてそれぞれの金利を計算してから両者を合算したものが金利の合計金額となります。文章で説明すると、至極当然に読めますが、これを Excel でもステップ・バイ・ステップで表現することで複雑な数式も極めてシンプルにできます。

3.　分解の目安

　上記の分解を見て読者はお気付きかもしれませんが、何処まで分解すべきか？の目安は、「一つの数式には一つの意味合いのみを含める」です。ビジネス文書でいうところの「一文一内容」と同じです。こうすることで、数式自体は必然的に短くなりますし、30 秒以内で説明できるシンプルな内容にできます。

　もう一つ、筆者の財務モデリング実務経験上目安となると考えるものがあります。それは、財務モデルを紙にプリントアウトした時に、どのような計算を行っているかが、セルに入力されている数式を見なくてもひと目で分かるかどうか？と言うものです。数式を見ることができない紙の上で、ぱっと見で計算過程が分からない時、その数式に複数の計算要素が含まれていることが多いです。近年で

は紙にプリントアウトして資料を提出する機会は少なくなりつつあります。しかしながら、紙にプリントアウトして初めて見つけることができるミスもあります。そのため、財務モデルのレビューや点検の担当者は一度プリントアウトしてチェックしてみることも是非採り入れて下さい。

COLUMN　複数の関数が含まれてもいい例外

一方で、このルールにも例外があります。それは、複数のコンビネーションでないと機能しない関数を用いる場合です。財務モデリング上用いられる代表的な二つのコンビネーションを以下の通り簡単に説明致します。

① INDEX と MATCH

INDEX と MATCH のコンビネーションは別途丸の内ルールにて詳細を説明します。その機能は VLOOKUP と同じように、他の場所にあるデータの集合体から該当するデータを検索して引っ張ってきてくれるものです。別の機会で解説しますが、丸の内ルールでは VLOOKUP よりも INDEX と MATCH のコンビネーションの方が（数式は長くなるもののそれでもなお）好ましいので、INDEX と MATCH のコンビネーションは財務モデリング実務上多く用いられます。

=INDEX(データ一覧 ,MATCH(縦軸の該当キー , 縦軸 ,),MATCH(横軸の該当キー , 横軸 ,))

H5　=INDEX('元資料(名前の定義なし)'!$A$2:$G$30,MATCH($A5,'元資料(名前の定義なし)'!$A$2:$A$30,),MATCH(H$2,'元資料(名前の定義なし)'!$A$2:$G$2,))

	A	B	C	D	E	F	G	H	I	J
1	財務モデリングブートキャンプ									
2				事業年度	2012	2013	2014	2015	2016	2017
3										
4	売上高				3,327	4,511	3,519	4,117		
5	売上原価				(1,298)	(1,694)	(1,361)	(1,541)	(1,409)	(1,430)
6	売上総利益				2,029	2,817	2,158	2,575	2,084	2,314
7	販売費及び一般管理費（除く減価償却費）				(2,038)	(2,454)	(2,056)	(2,376)	(1,999)	(2,155)
8	減価償却費				-	-	-	-	-	-
9	営業利益				(9)	362	101	200	85	158
10	経常利益				(27)	358	84	195	75	142
11	税引前当期純利益				(35)	346	62	44	60	72
12	法人税等				(11)	(130)	(16)	(19)	(45)	(47)
13	当期純利益				(83)	937	231	420	175	324
14										

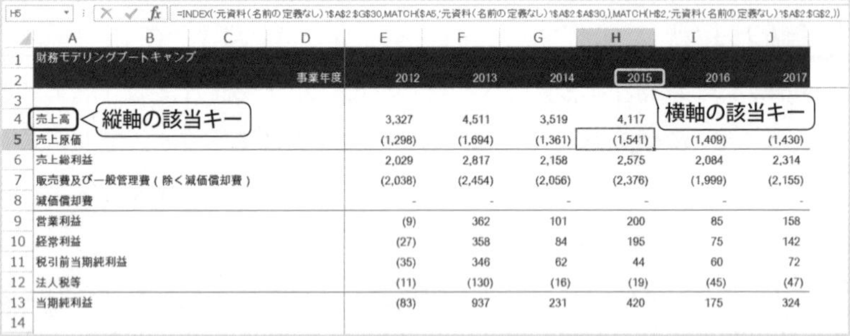

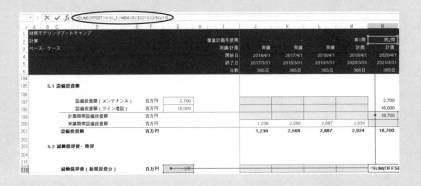

	2017	2016	2015	2014	2013	2012
売上高（MS事業）	3744.03	3492.69	4116.897	3518.68	4510.805	3326.74
売上高（MA事業）						
売上高	3744.03	3492.69	4116.897	3518.68	4510.805	3326.74
売上原価	-1430.46	-1408.848	-1541.462	-1361.137	-1694.096	-1298.172
売上総利益	2313.57	2083.842	2575.435	2157.543	2816.709	2028.568
販売費及び一般管理費（除く減価償却費）	-2155.372	-1999.269	-2375.632	-2056.303	-2454.402	-2037.662
減価償却費	0	0	0	0	0	0
販売費及び一般管理費合計	-2155.372	-1999.269	-2375.632	-2056.303	-2454.402	-2037.662
営業利益	158.198	84.573	199.803	101.24	362.307	-9.094
支払利息	-18.3	-23	-11.2	-22.6	-10.5	-23.1
その他営業外収益	3.94	6.084	3.637	4.353	3.2	4.412
為替差（損）益	-2	7	2.9	0.711	3.3	0.4
その他営業外費用						
経常利益	141.838	74.657	195.14	83.704	358.307	-27.382
事業再構築損失	-14.9		-96.3	-0.9		
固定資産減損失	-45	-14.4	-46.7	-18.2	-7.4	-7.9
その他特別損失	-10.2			-2.2	-4.8	
税引前当期純利益	71.738	60.257	44.14	62.404	346.107	-35.282
法人税等	-47.333	-44.636	-18.649	-16.031	-129.934	-11.2
当期純利益	24.405	15.621	25.491	46.373	216.173	-46.482

② SUM と OFFSET

次に列ごとに範囲をずらして合計を算出したい場合に用いられる SUM と OFFSET 関数のコンビネーションがあります。こちらはやや複雑なので簡単に例だけ触れておきたいと思います。財務モデリングでは、下記の設例のように同じ耐用年数の固定資産が複数事業年度にわたって取得するような場合に、減価償却費を一度に計算できると言う点で用いられることが多いです。

=SUM（OFFSET（合計のスタート地点,,,,1（合計する行数）,合計する列数（-5）））/
耐用年数

16 数式のお作法：
他のシートから参照された項目を数式に入れない

		事業計画年度期	第4期 計画	第5期 計画	第6期 計画	第7期 計画	第8期 計画	第9期 計画	第10期 計画
		実績/計画							
		開始日	2020/1/1	2021/1/1	2022/1/1	2023/1/1	2024/1/1	2025/1/1	2026/1/1
		終了日	2020/12/31	2021/12/31	2022/12/31	2023/12/31	2024/12/31	2025/12/31	2026/12/31
		日数	366日	365日	365日	365日	366日	365日	365日
1.0 販売比率									
愛知	=インプット!J12	41.0%	40.5%	40.0%	39.5%	39.0%	38.5%	38.0%
岐阜	=インプット!J13	26.6%	26.8%	27.0%	27.2%	27.4%	27.6%	27.8%
三重	=インプット!J14	7.6%	7.3%	7.0%	6.7%	6.4%	6.1%	5.8%
静岡	=インプット!J15	24.8%	25.4%	26.0%	26.6%	27.2%	27.8%	28.4%
合計	=SUM(J12:J15)	100.0%	100.0%	100.0%	100.0%	100.0%	100.0%	100.0%
1.1 完成品数量									
完成品数量	=インプット!J20	10,953,739	12,049,113	13,254,024	14,579,426	16,037,369	17,641,106	19,405,216
1.2 地域別販売数量									
愛知	=J12*J$20	4,491,033	4,879,891	5,301,610	5,758,873	6,254,574	6,791,826	7,373,982
岐阜	=J13*J$20	2,913,695	3,229,162	3,578,586	3,965,804	4,394,239	4,868,945	5,394,650
三重	=J14*J$20	832,484	879,585	927,782	976,822	1,026,392	1,076,107	1,125,503
静岡	=J15*J$20	2,716,527	3,060,475	3,446,046	3,878,127	4,362,164	4,904,227	5,511,081
合計	=SUM(J24:J27)	10,953,739	12,049,113	13,254,024	14,579,426	16,037,369	17,641,106	19,405,216
1.2 売上高									
売上高	15	=J28*$G33	164,306,082	180,736,691	198,810,360	218,691,396	240,560,535	264,816,589	291,078,247

キーメッセージ

① 他のシートのセルを参照する場合、一度自分のシートに単独でリンクさせてから用いる。

便利な Tips

① ⌈Ctrl⌉ + ⌈ [⌉：先頭の参照元のセルへジャンプする。

② ⌈Alt⌉ → ⌈m⌉ → ⌈p⌉：参照元への矢印を表示させる。

　この丸の内ルールでは、数式を組み立てる際、他のシートの参照先を含めてはならない、と言うものです。

　確かに他のシートのセルの情報が必要であれば、数式でそのセルに直接参照してしまうことが数式を組み立てる上では手っ取り早いかもしれません。しかしながら、他のシートのセルへの参照を数式内に含めると、以下の二つの問題点があります。

他のシートのセルへの参照を数式内に含める問題点

① リンクミスの可能性が高まる

② レビューがしにくくなる

① リンクミスの可能性が高まる

まず、他のシートにあるセルを参照する作業は、同じシートのセルを参照することに比べて参照ミスが発生する可能性が高くなります。隣り合っているシートに参照させる場合ならまだしも、参照しようとするシートが遠ざかるほど手間がかかってしまい、ミスのリスクも高まります。加減算の数式内や、関数内に含めようとする場合、ミスのリスクはより高まります。

② レビューがしにくくなる

次に、財務モデルの読み手が数式を理解しようとする際も、当然ながら他のシートへの参照もチェックしなければならないため、理解しにくくなったり、ミスを発見しにくくなったりと不親切な数式のデザインとなってしまいます。

では、このような問題をどのように解決するのか？設例を用いて解説します。

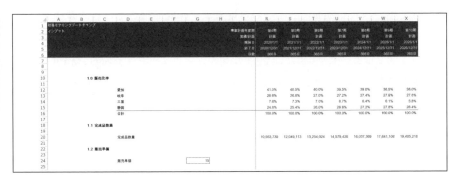

上記のように前提条件がまとめて記載されているインプットシートがあります。このシートにある前提条件から、別の計算シートで各地域の売上高を計算することを想定します。まず思い付くのが以下のような計算シートかもしれません。

				事業計画年度期	第 4 期		第 5 期	第 6 期	第 7 期
1	財務モデリングブートキャンプ								
2	直接リンク				実績／計画 計画	計画	計画	計画	計画
3					開始日	2021/4/1	2022/4/1	2023/4/1	2024/4/1
4					終了日	2022/3/31	2023/3/31	2024/3/31	2025/3/31
5					日数 365日		365日	365日	365日
6									
7									
8									
9		1.0	地域別販売数量						
10									
11			愛知	=インプット!J12*インプット!J$20		4,491,033	4,879,891	5,301,610	5,758,873
12			岐阜	=インプット!J13*インプット!J$20		2,913,695	3,229,162	3,578,586	3,965,604
13			三重	=インプット!J14*インプット!J$20		832,484	879,585	927,782	976,822
14			静岡	=インプット!J15*インプット!J$20		2,716,527	3,060,475	3,446,046	3,878,127
15			合計	=SUM(J12:J15)		10,953,739	12,049,113	13,254,024	14,579,426
16									
17		1.1	売上高						
18									
19			売上高	=J16*インプット!$G$24		164,306,082	186,736,691	198,810,360	218,691,396

つまり、上記の設例の 12 行目から 15 行目の数式のように各地域の「別シート
に存在する」販売比率に「別シートに存在する」完成品数量を乗じた式を組み立
てることです。また、その結果算定された販売数量に「別シートに存在する」販
売単価を乗じて 20 行目において売上高を算定しようとするようなモデルです。

しかしながら、数式の中に他のシートのセルの参照を含めようとすると、画面
に表示されるシートが元にいたシートから参照先のシートに切り換わってしまい、
組み立て中の数式が画面に表示されないまま参照先を探さなければなりません。
組み立て中の数式を見ない状態での数式の組み立ては参照先のミスが生じるリス
クが高まってしまいます。また、読み手が参照先をチェックする時も、以下のショー
トカットで参照先にジャンプすると、元の点検対象のシートから離れてしまい、
点検がしにくくなると言う問題点があります。

参照元のセルへジャンプするショートカット

[Ctrl] + [[ ]

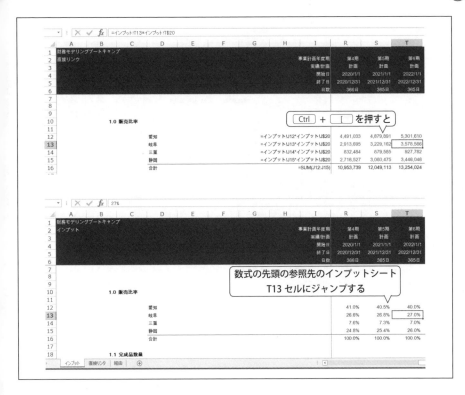

　この点、「参照元のトレースをすれば参照先に強制的にジャンプせず、元のシートを見失わないから問題ないのでは？」と言う意見もあります。参照元のトレースのショートカットは以下の通りです。

参照元への矢印を表示させるショートカット

$\boxed{\text{Alt}} \rightarrow \boxed{\text{m}} \rightarrow \boxed{\text{p}}$

　しかしながら、参照元へのトレースにも問題点があります。

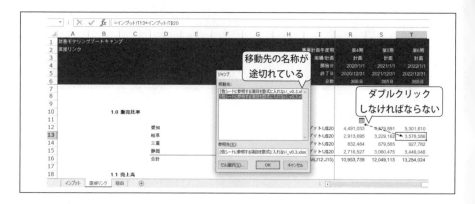

　まず、表示された黒点線をダブルクリックし、トレースしたい参照先を指定します
が、このダブルクリックが面倒な点です。また、移動先の名称が途中で切れ
てしまっている点です。基本的には数式の登場順で上から表示されています。移動
先を指定して [Enter] してようやく二番目に登場する他のシートのセルにジャン
プすることができます。しかし、ここまでの作業はキーボードだけで行うことは
できずマウスも用いなければならないので作業効率は必ずしも良いとは言えませ
ん。

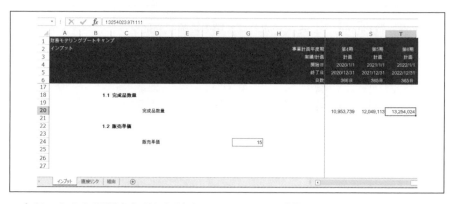

　上記のような問題点をどう解決するか？それは、「他のシートの参照先は一旦自
分のシートに単独で参照させ、そこを経由して数式を組み立てる」と言うもので
す。以下の例のように、数式内で用いられる他のシートのセルは、一行使って、他のシー
トに存在しているそのセルを引っ張ってくるだけの数式を作ることから始めます。

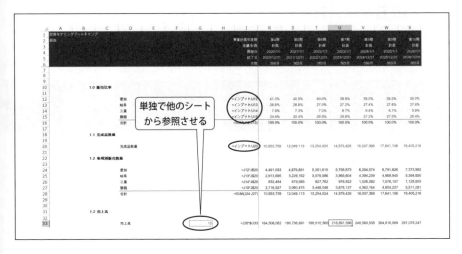

　12行目から15行目には「愛知、岐阜、三重及び静岡の販売比率」のみを参照した数式が、20行目には「完成品数量」、そしてG33セルには「販売単価」を他シート（インプットシート）から参照した数式が入力されています。そして24行目から27行目で、他のシートを参照した行にある情報で「地域別販売数量」を計算しています。また、33行目のように、「売上高」を算定するために各期の「販売数量合計」（28行目）に各事業年度通じて共通の前提である「販売単価」を乗じるような場合は、その単一の前提条件の経由地をフリーズペイン（前述の丸の内ルール参照）の空白列（例えばG列）にすると便利です。なぜならば横長の計算シートとなるような場合でも、フリーズペイン内に参照している前提条件が常に見えている状態を保つことができるためです。

数式のお作法：
数式内にベタ打ち禁止

	A	B	C	D	EFGH	I	J	K	L	M	N	O	P
1	財務モデリングブートキャンプ												
2	Calculation					事業計画年度期	第1期	第2期	第3期	第4期	第5期	第6期	
3	ベース・ケース					実績/計画	計画	計画	計画	計画	計画	計画	
4						開始日	2019/4/1	2020/4/1	2021/4/1	2022/4/1	2023/4/1	2024/4/1	
5						終了日	2020/3/31	2021/3/31	2022/3/31	2023/3/31	2024/3/31	2025/3/31	
6						日数	366日	365日	365日	365日	366日	365日	
7													
8		1 売上高											
9													
10			1.1 販売数量										
11													
12				ARGAMA			300	310	350	375	390	400	
13													
14				Radish			130	120	135	150	155	160	
15													
16			1.2 売上高										
17													
18				ARGAMA			15,000	15,500	15,750	15,000	15,600	18,000	=O12*45
19													
20				Radish			8,450	7,200	7,425	8,550	8,835	9,280	=O14*58

	A	B	C	D	EFGH	I	J	K	L	M	N	O	P
1	財務モデリングブートキャンプ												
2	Calculation					事業計画年度期	第1期	第2期	第3期	第4期	第5期	第6期	
3	ベース・ケース					実績/計画	計画	計画	計画	計画	計画	計画	
4						開始日	2019/4/1	2020/4/1	2021/4/1	2022/4/1	2023/4/1	2024/4/1	
5						終了日	2020/3/31	2021/3/31	2022/3/31	2023/3/31	2024/3/31	2025/3/31	
6						日数	366日	365日	365日	365日	366日	365日	
7													
8		1 売上高											
9													
10			1.1 販売数量										
11													
12				ARGAMA			300	310	350	375	390	400	
13													
14				Radish			130	120	135	150	155	160	
15													
16			1.2 販売単価										
17													
18				ARGAMA			50	50	45	40	40	45	
19													
20				Radish			65	60	55	57	57	58	
21													
22			1.2 売上高										
23													
24				ARGAMA			15,000	15,500	15,750	15,000	15,600	18,000	=O12*O18
25													
26				Radish			8,450	7,200	7,425	8,550	8,835	9,280	=O14*O20

キーメッセージ

① **数式内にベタ打ち入力は原則禁止。**

　このルールでは、数式の中にベタ打ちの数値を含めることを原則として禁止すると言うものです。このような数式の中に含まれるベタ打ちの数値や文字列などの情報は、財務モデリングの実務上「地雷」と呼ばれることがあります。早速下

記の設例で解説します。

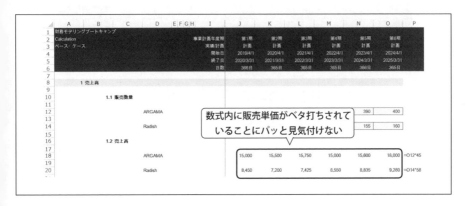

上記の設例では、二品目の販売数量と販売単価を用いてそれぞれの売上高を算定する財務モデリングを行っています。18行目と20行目の売上高の数式に注目して下さい。

O18=O12*<u>45</u>

O18=O14*<u>58</u>

下線の部分がベタ打ち、つまり「地雷」です。それではなぜ数式内のベタ打ちが「地雷」と呼ばれるほどに問題なのか？それは以下の理由によるためです。

「地雷」のもたらす弊害
①　ベタ打ちされた情報がシートの見た目には表れてこず、チェックがしづらい。
②　修正が必要となった時に修正漏れが発生するリスクが高い。

まず一つ目の問題点は、セルをアクティブにしない限りは、数式内に埋め込まれたベタ打ちの情報は見ることができないと言うものです。これは読み手にとって親切な財務モデルとは言えません。

次の問題点はより深刻なものです。つまり、ベタ打ちの情報を修正する必要が出てきた場合に、一つ目の問題点で指摘した通り修正すべきベタ打ち項目を発見しにくいため、修正漏れのリスクが高い、と言う問題点です。以下の設例は、「地雷」を含んでいる数式のある18行目と20行目の数式を（FORMULATEXT関数を用いて）表示させたものです。色塗り部分の「地雷」に注目して下さい。

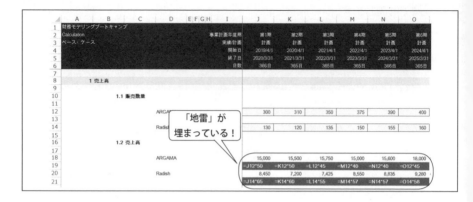

　各期によって異なる数値の「地雷」がそれぞれの数式に埋まっています。これらのベタ打ちされた販売単価を変更しようとする場合、変更漏れが発生する可能性が高くなります。確かに数式にベタ打ち情報を入力すれば、組み立ては楽ですし、見た目は直感的には理解しやすくなります。しかしながら、修正すべき点を修正し忘れてしまうリスクの方が重大なため、多少面倒でもベタ打ち情報は数式外に入力しましょう。

　以下は数式から完全に「地雷」を除去した設例です。このような仕組みにすることで、販売単価の修正も随分と簡単で見た目に分かりやすくなります。

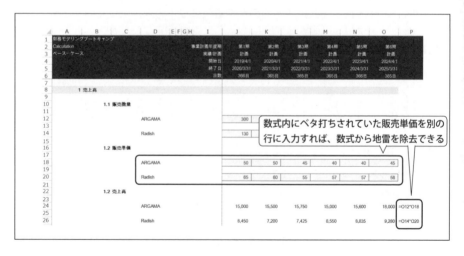

　ただし、全てのベタ打ちが「地雷」認定されて禁止されるわけではありません。数式内へのベタ打ちが許されるものとは、普遍的、かつ、見れば誰でも理解できる意味合いの情報です。以下具体例を挙げてベタ打ちの是非を検討します。

① 期間に関するもの

　例えば、月数（12）や四半期の数（4）は殆どの人が見れば理解できるので、数式に含めても問題はないものと考えられます。一方で日数についてはうるう年が存在するため、できれば「365」とベタ打ちするのではなく、日数計算の関数（別途解説します）で算定した結果を用いることが望ましいです。

② 単位の変換値

　誰でも知っているような常識的な項目として、単位の変換（lbs から kg など）も考えられます。しかしながら、このような単位の変換のための値は、数式内でベタ打ちするのは得策ではないと考えます。なぜならば、このような変換値は小数点以下も比較的長くなることがほとんどです。例えば 1 lbs は 0.45359293319936kg、1 メートルは 3.28084 フィートなどが挙げられます。そのため、数式内にベタ打ちすると、数式が不必要に長くなり、読み手に不親切な数式となってしまうためです。代替策として、インプットシートに「単位変換レート」として手入力した上で、数式内では当該変換レートの情報と参照することが考えられます。こうすることで、長い小数の値を都度入力する必要はなくなり、インプットシートに一度だけ入力で事足りることになります。

18 数式のお作法：
外部リンク禁止

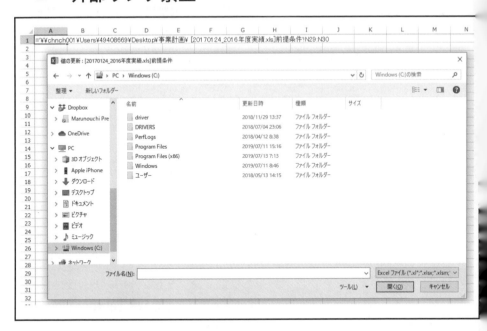

キーメッセージ

① 他のファイルなど外部情報へのリンクは禁止。

便利な Tips

① `Alt` → `a` → `k` ：リンクの編集

　昨今の Excel 実務では、複数のメンバーで様々な分析や集計作業を行うことが一般的になりました。その結果、分析上用いられる Excel ファイルが複数になることが多くなりました。そこで論点となるのが、他の Excel ファイルのセルを直接参照することの是非です。他のファイルを直接参照することは、いつも時間に追われているモデラーにとっては、手っ取り早いため非常に魅力的です。しかし、財務モデリング実務上はこのような外部リンクは避けるべきです。外部リンクが

もたらす問題点は以下の通りです。

外部リンクがもたらす問題点
① リンク先のファイル名や保存場所が変更されると更新されない。
② フリーズしやすくなる。
③ リンク先の他のファイルの参照先まで確認するのが面倒。
④ 数式の見た目が長くなる。

　まず、一つ目の問題点として、リンク先の他のファイル名称や保存場所を変えてしまうとリンクが途切れてしまうことです。その結果、他のファイルにあるリンク先の情報をいくらアップデートしてもリンク元の情報はアップデートされなくなります。また、仮に名称などを変更しない場合でも二つ目の問題点として、リンクを参照するために長時間フリーズしてしまうこともしばしば起きます。財務モデリング実務経験上、期限ぎりぎりの作業でこのようなフリーズが起きてしまうと１秒が１時間にも感じるほど長く感じ、とてもストレスを感じてしまいます。また、三つ目の問題点として、参照が正しく行われているのかのチェックも非常に面倒になります。四つ目の問題点は以下の設例にあるように数式が非常に長くなってしまい、必要以上に複雑となってしまいます。ぱっと見で点検を後回しにしたくなってしまいます。

　それでは、このような外部リンクを財務モデリング上どのように扱うべきか？について解説します。

① 外部リンクを解除して値貼り付けにする
② 出所を明記する

　まず、外部リンクを解除してしまいます。以下解除の仕方について解説します。外部リンクを含んだ Excel ファイルを開くと、以下のいずれかの警告メッセージが表示されます。

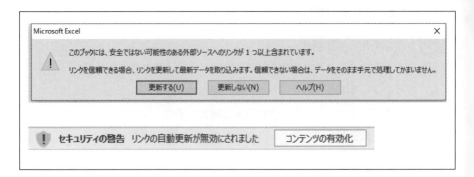

ここで、上のメッセージの場合「更新する」を、下のメッセージの場合「コンテンツの有効化」をクリックします。

その後しばらく時間を置いて外部のリンク先を探しに行きます。その結果、リンク先を見つけることができなかった場合、以下の警告文が新たに表示されます。

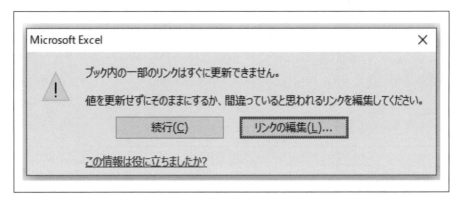

ここで「リンクの編集」をクリックします。なお、一つ前の警告文で「更新しない」をクリックしてしまっても以下のショートカットで次のステップに進むことができます。

リンクの編集のショートカット

ここで、外部リンクが存在している場合、以下の通り外部リンク先の概要が表示されます。その上で「リンクの解除」をクリックします。

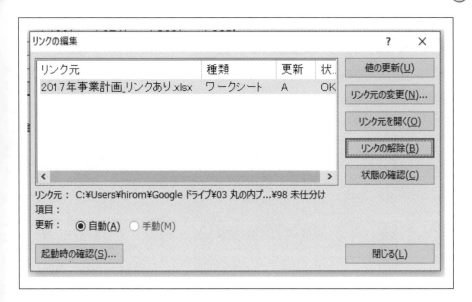

すると、以下の警告文が表示されますので、「リンクの解除」をクリックします。

その結果、外部リンクされていたセルは、以下のようにベタ打ちの情報に置き換わります。

これで外部リンクの解除の作業は終了します。しかし、ベタ打ちの数値だけが残されてしまうとその情報がどこから入手したのが出所（財務モデリング実務上Data Source と呼ばれます）がわからなくなってしまいます。そのため、上記設例のように出所をベタ打ちでも良いので明記しておくことが望ましいです。

19 数式のお作法：
マニアックな関数は禁止

SUM	ROUND ROUNDDOWN・ROUNDUP MROUND	TRANSPOSE
SUMPRODUCT	SUMIF	XIRR XNPV
AVERAGE AVERAGEIF	IFERROR	YEAR・MONTH・DAY
IF	MATCH	EOMONTH
AND OR NOT	INDEX	DATEDIF
MAX MIN	OFFSET	PMT・PPMT・IPMT
ABS	MOD	

キーメッセージ

① 一般的に知られている関数のみ用いる。

1. みんなが知っている関数だけを使う

　繰り返しになりますが、財務モデリングでは KISS の原則を遵守する必要があります。そのため、関数についても、財務モデルをシンプルにするために、理解するのが難しくないものや一般的に知られているものを用いる必要があります。

　余談になりますが、筆者が監査法人に勤務していた頃、Excel 自体は業務で既に使われていました。その頃の Excel のスキルの高さとは、「如何に複雑な計算シートを作るか。如何に難解なマクロを組み込むことができるか。如何にマニアックな関数を知っているか。」によって決められている側面があった印象があります。「複雑で難解な財務モデルを組み込むことができるスキルがあるならば、きっと仕事のクオリティも高いのだろう」と言う思い込みがあったのでしょうか。

　しかしながら、実際の財務モデル実務では、複雑で難解な財務モデリングは避けるべきです。用いるべき関数については、個人ごとで使い慣れている度合いや

理解度の違いがあるため、一概に決められるものではありません。しかしながら、本書ではあえて「財務モデリングを行う上では、これだけ使えれば十分」と言うレベルの関数を本項で紹介します。どの関数を使うべきか？と言う点は今後も引き続き議論の余地が残ります。そのため、今後より便利な Excel 関数の誕生や読者各位のご意見を参考にして、時代に合わせて本ルールもアップデートしていきます。

なお、本ルールでは財務モデリングを進めるうえで十分な関数を解説しますが、本書は Excel の解説本ではありません。そのため、関数の詳細な説明は割愛しています。そのため、詳細についてはウェブ検索などで調べてみて下さい。それでは、関数について簡単な事例と共に解説します。

（1）SUM

SUM 関数は Excel を触り始めた頃に覚える関数で、多くの説明は必要ないかと思います。そのため、筆者が SUM 関数についてしばしば受ける質問について解説します。つまり、「SUM 関数と＋（プラス）は何か違いがあるのか？」と言う質問です。これは一見意味のないような素朴な疑問に見えて実はとても良い質問です。その答えは以下の設例にある通りです。

	今年度	来年度
ヒューベリオン	100	100
ユリシーズ	10	10
パトロクロス	該当なし	該当なし
合計	110	#VALUE!
合計の数式	=SUM(E4:E6)	=F4+F5+F6

つまり、SUM 関数は合算の対象に数値以外の情報、例えば上記のような文字列が含まれていた場合、数値の情報だけを合算してくれます。一方で、プラスで合算する場合、文字列が合算の対象に含まれると、上記のようにエラー表示となってしまいます。また、手間と言う観点では、SUM 関数は範囲を指定するのに Shift ＋矢印キーで行うのに対して、プラスを用いる場合はセルを指定してから＋を入力し、またセルを指定してから＋を入力し…とやや煩雑です。そのため、

集計対象に文字列が含まれることが想定され、かつ、途中で引き算などが含まれず合算集計するためであれば、プラスを用いるより SUM 関数を用いた方が良いと考えられます。

> **プラスの弱点**
> ① 文字列をプラスするとエラーとなる
> ② 一つずつ参照するのが面倒

（2）SUMPRODUCT

SUMPRODUCT は加重平均をもとめる際の以下のような数式で用いられます。

> **加重平均を算定する数式例**
> ＝ SUMPRODUCT（集計範囲 , 重みの範囲）/SUM（重みの範囲）

型式	コスト	在庫数
NRX-044	275	20
RX-110	310	10
ORX-005	275	35
PMX-003	375	5
NRX-055	350	7
RX-139	295	15
PMX-000	275	25

集計範囲　　　　　　　　　重みの範囲

加重平均コスト	289

=SUMPRODUCT(E6:E12,F6:F12)/SUM(F6:F12)

（3）AVERAGE・AVERAGEIF

AVERAGE 関数は、その名の通り指定したセルの数値の単純平均値を求める機能を持っています。この関数もそれほど多くの説明は必要ないかもしれません。そ

こで、ここでは筆者が財務モデリング実務上しばしば見かける、モデラーが見落としがちな、しかし意外と重要な問題点について解説します。つまり、「AVERAGE系の関数ではゼロを除いた平均値を算定できない」と言う点です。例えば、下記の設例ではとある動画配信サイトの生配信における同時接続者数（生放送視聴者のようなイメージ）の推移です。

	2020年度	2021年度	2022年度	2023年度	2024年度
生配信同時接続者数	100	-	500	600	300

平均値	300	=AVERAGE(C7:G7)
ゼロを除く平均値	375	=AVERAGEIF(C7:G7,"<>0")

2021年度には生配信を行う予定がなく、その結果ゼロであると想定します（厳密には "N/A"（該当なし。Not Applicable）とするべきです）。その場合、同時接続者数の年平均を算定するにはどうすべきか？本来であれば、配信されない2021年度は平均の算定から除外すべきです。しかしながら、上記の設例モデルでは2021年度にはゼロが入力されています。この時 AVERAGE 関数を用いると「ゼロを含んだ」単純平均値を算出してしまいます。その結果は、実態よりも過小な平均値が算出されることとなります。

上記の問題点を解決するのは AVERAGEIF 関数です。その機能は以下のような仕組みで機能します。

= AVERAGEIF(条件に合った数値を平均したい範囲 , 条件)

条件の書き方は少し特徴的です。つまり、条件を「" "」で囲って入力します。上記設例で設けたい条件は、「ゼロではない」ことです。その場合、以下のような数式を組み立てることとなります。

=AVERAGEIF(C7:G7,"<>0")

つまり、数式で表現できる条件であったとしても「" "」で囲う必要があるのです。このように AVERAGEIF 関数を用いることで、「ゼロを除く」といった特定の条件を付けた単純平均値を求めることができます。

（4）IF

IF 関数についても多くの説明は必要ないかもしれません。そのため、本項では IF 関数の詳細な解説を割愛します。別の丸の内ルールで解説した通り、フラグや MAX・MIN 関数を用いるなどして、なるべく IF を使わないで数式を組み立てられないかを考えるようにして下さい。

（5）AND・OR・NOT

「且つ」の意味の AND、「又は」の意味の OR は別項のフラグの部分で解説した通り、主にフラグと絡ませて用いられることが多いです。また、NOT 関数とは、「TRUE の時に FALSE を返す」又は「FALSE の時に TRUE を返す」と言う天邪鬼な機能を持っています。財務モデリング実務上は、フラグが意味しているイベントと相容れないイベントのフラグを表現する時に用いられることが多いです。NOT 関数の使用事例は後ほど MOD 関数の設例にて解説します。

		2020/1/1	2021/1/1	2022/1/1	2023/1/1	2024/1/1	
		2020/12/31	2021/12/31	2022/12/31	2023/12/31	2024/12/31	
増資予定日	2022/5/3						
増資金額	10,000						
AND関数及びフラグ機能で表現した場合							
増資日フラグ		-	-	1	-		=AND(F1<=$B$4,$B$4<=F2)*1
増資金額		-	-	10,000	-		=$B$5*F8
IF関数で表現した場合							
増資金額		-	-	10,000	-		=IF(F1<=$B$4,IF($B$4<=F2,$B$5,),)

（6）MAX・MIN

IF のマトリョーシカのルールで説明した通り、IF 関数の代わりにゼロ以上の数しか返したくない場合やゼロ以下の数しか返したくない場合に、MAX 関数や MIN 関数を用います。

	1年目	2年目	
売上高	100	120	
費用	(80)	(140)	
利益（損失）	20	(20)	
配当原資			
IF関数	20	－	=IF(D7>0,D7,)
MAX関数	20	－	=MAX(D7,)
繰越欠損金			
IF関数	－	(20)	=IF(D7<0,D7,)
MIN関数	－	(20)	=MIN(D7,)

　IF関数を用いた上側の数式は、比較的見慣れた分かりやすい数式です。一方で下側のIFを用いないMAX関数又はMIN関数の数式はさらに短くてシンプルです。MAX関数とMIN関数がどのような状況でIF関数の代わりになるのか？それは、以下のケースです。

IF関数の代わりになる関数
- ① 正の数のみを返したい場合　　MAX関数
- ② 負の数のみを返したい場合　　MIN関数

　この例で言えば、配当原資の数式は「Ｇ４セルの数値とゼロのうち大きい方を返す」、つまりゼロか正の値のみ返す、ということを意味しています。一方で、繰越欠損金の数式は、「Ｇ４セルの数値とゼロのうち、小さい方を返す」、つまりゼロ未満か負の数のみ返す、ということを意味しています。

以下の二つは全く同じ意味！
- ① 「とあるセルの数値がゼロ以上の場合その数値を、ゼロ未満の場合ゼロを返す」
- ② 「セルの数値とゼロのうち大きい方を返す」

　このように、正の数のみ又は負の数のみを返したい場合には、それぞれMAX関

数、MIN 関数を用いるようにして下さい。

　財務モデルをシンプルにできるかどうかは、実はこの IF 関数をいかに少なく済ませることができるか次第と筆者は考えています。財務モデリングの過程で IF 関数を反射的に使用する前に、IF を使わずにモデリングができないか？を一度立ち止まって考えてみる癖をつけましょう。

　なお、前記設例の I 列の数式はカンマ（,）の後ろに何も入力されていません。そのため、さらにシンプルに見える効果があります。何も入力されない場合、Excel 上はゼロが入力されているとみなされます。

（7）ABS

　ABS 関数は、その名前（ABSolute）からも機能が推測できるように、指定した値を絶対値で返してくれる関数です。最初に思い付く活用方法としては、負の数の数値をプラスに変換することです。その他にも財務モデリング実務上用いられるケースがあります。下記の設例で解説します。

		2020/1/1	2020/2/1	2020/3/1	2020/4/1	2020/5/1	
		2020/1/31	2020/2/29	2020/3/31	2020/4/30	2020/5/31	
		2020年度	2020年度	2020年度	2020年度	2020年度	
資産合計		2,234	2,720	5,715	6,075	4,326	
負債・純資産合計		2,234	2,722	5,715	6,072	4,327	
差異		-	(2)	-	3	(1)	=I6-I7
差異合計	-	=SUM(E8:I8)					
資産合計		2,234	2,720	5,715	6,075	4,326	
負債・純資産合計		2,234	2,722	5,715	6,072	4,327	
差異		-	2	-	3	1	=ABS(I11-I12)
差異合計	6	=SUM(E13:I13)					

　上記の設例では、貸借対照表の借方合計と貸方合計の差異が発生した場合、その差異を計算し、枠線で囲ったセルにモデリング対象期間に発生している差異の合計額を表示することで、財務モデルの中に「アンバランス・シート」が発生していないかを確かめる点検機能を示しています。そして、この財務モデルにおいて ABS 関数は、貸借対照表の借方合計と貸方合計の差異を絶対値化するために用いられています。では、なぜ差異を絶対値化しなければならないのか？それは、差異の金額を絶対値化して合計額を算出しないと、プラスの差異とマイナスの差異が相殺し合って差異合計額が結果としてゼロになってしまうケースがあり得る

からです。上段のケースでは、差異がプラス・マイナスで正確に表現されてしまった結果、たまたま差異合計が相殺されてゼロになっています。その結果、財務モデルの中に存在している「アンバランス・シート」を見過ごしてしまう可能性があるのです。下段のケースのように ABS 関数を用いて絶対値化することで、相殺による見逃しの問題点を解決できます。

（8）ROUND・ROUNDDOWN・ROUNDUP・MROUND

丸め方	用途例	元データ	計算結果	関数
四捨五入	一般的	0.66666667	0.667	=ROUND(H6,3)
切り上げ	製造数量から算定される必要従業員数	230.1名	231名	=ROUNDUP(H7,)
切り捨て	単元株制度における議決権数（1単元100株の場合）	10,599株	105個	=ROUNDDOWN(H8/100,)
指定値の倍数で切り上げ/切り捨て	DCF法の割引率を切りの良い数値にする	10.26%	10.5%	=MROUND(H9,0.5%)

　四捨五入の ROUND、切り捨ての ROUNDDOWN そして切り上げの ROUNDUP は既に知られているかもしれません。これらの関数は、算定したい情報の性質によって使い分けます。上記の例のように、事業計画上の計画製造数量があり、それを達成するのに必要な工具数を算定するような場合、小数点の部分は切り上げて工具数を計算する必要があります（もちろん小数点分の働きをしてくれるアルバイトを雇うという手も考えられます）。このような切り上げが必要な場合、ROUNDUP 関数を用いることになります。一方で、単元株制度のように、1単元に満たない所有株式数は議決権数の計算上除外しなければならないケースも切り上げる必要があります。上記設例では簡単に1単元100株としていますので、単元数をもとめる場合100株未満の株数については切り捨てなければならないので、ROUNDDOWN 関数を用いることになります。

　もう一つ、「丸める」系関数として知っておきたいものとして MROUND があります。その機能は上記設例のように、割引率を 0.5% 間隔などのきりの良い数値でアウトプットしたいような場合などに用いられます。筆者の実務経験上、アメリカなどでは計算結果に重要な影響をもたらさないレベルの小数点は 0.5% や 0.2% などの刻みで丸めてしまうケースが日本より多い印象です。

（9）SUMIF

　SUMIF 関数は、対象の範囲の中でとある条件を満たすものの合計を算出する機能を持っています。細かいレベルの勘定明細の数値をより大きな単位の勘定に集

約する（例えば、仮払金、前渡金等を「その他流動資産」に集約するなど）で、既によく使われているかもしれません。本書では、財務モデリング実務上 SUMIF がよく用いられるもう一つのケースを解説します。つまり、月次決算情報を年次決算情報に簡単に集計する方法です。

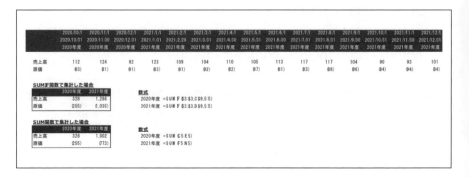

上記の設例は、月次ベースの売上高及び原価の財務モデルです。この月次ベースの数値を年次ベースに集約するケース場合、どのような手法が考えられるでしょうか？おそらく最初に思い付くのが、SUM 関数で 12 ヵ月を指定して集計する方法です。

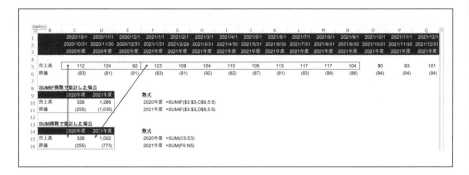

極めてシンプルで直感的です。しかしながら、年次ごとで集計範囲をいちいちマウスで指定しなければなりません。その結果手作業が増えてしまうため、ミスのリスクは高まってしまいます。また、別のルールで説明した「一行一式」の原則にもとり、読み手にとってもレビューが煩雑になってしまいます。

そこで用いられるのが SUMIF 関数です。集計に際し SUMIF 関数がどのように機能するかを理解するため、以下の数式を見て下さい。

=SUMIF（年度が入力されている行全体,集計したい年度,集計対象の数値の行全体）

　下記の設例において月次売上高年次で集計するような場合、時間軸で表示されている年度の行全体（3行目）を検査の対象範囲とし、集計対象を売上高がアウトプットされている行全体（5行目）とすることで、月次データを年次ベースで集計することが可能となります。

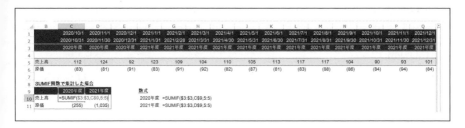

（10）IFERROR

　IFERROR は、検査の対象となる数式がエラーとなる場合は指定の値や文字列を返し、また、エラーとならない場合は当該数式の結果を返す、と言う関数です。

=IFERROR（検査の対象の数式,エラー値の代わりに返す値・文字列）

　財務モデリング実務上の IFRROR の活用方法については、別途ルール「エラートラップを使う」で詳細を解説します。

（11）MATCH

　MATCH 関数は、探そうとしている情報が、指定された範囲の中で上から（又は左から）何番目にあるか、と言う数値を返す機能があります。

=MATCH(探そうとする情報,探そうとする範囲,ゼロ)

　財務モデリング実務上の MATCH の使い方については、後述の INDEX と併せて別途ルール「CHOOSE より INDEX を使う」で解説します。

（12）INDEX

　INDEX 関数とは、検査の対象とする範囲の中で、「指定する位置」の情報を返し

てくれる、と言うものです。ここで、非常に抽象的な表現の「指定する位置」について より具体的に説明すると、上（又は左）から何番目と「指定する位置」と言う意味です。

=INDEX(検査の対象とする範囲 , 上（又は左）から何番目)

INDEX 関数についても、財務モデリング実務上の具体的な活用方法については、「CHOOSE より INDEX を使う」ルールで別途解説します。

(13) OFFSET

この関数はやや分かりにくいかもしれません。しかしながら、一度覚えてしまえば財務モデルにおいても便利な関数です。多用はお薦めしませんが、OFFSET 関数を用いる財務モデルに出くわすことも少なくないので、駆使できるまでにはならずとも少なくとも仕組みは理解しておいた方が良いです。では本題に入ります。OFFSET 関数とは、（1）ある指定したセルから指定された行数と列数分だけ移動させた位置にあるセルの情報を返す、または（2）（1）で移動した先のセルから指定された高さ（行方向）と幅（列方向）分だけの範囲を参照する機能を持った関数です。この説明だけではイメージが掴みにくいので早速（1）から設例で解説します。

OFFSET 関数は、下記の図のようないわゆる「すごろく」のイメージです。

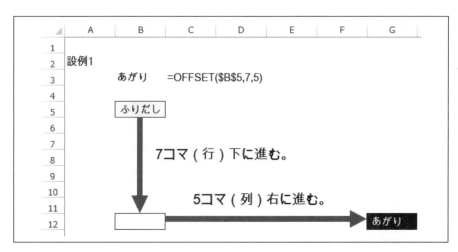

① =OFFSET（ふりだし,下方向に進むコマ数,右方向に進むコマ数）

　B５セルから、下すなわち行方向に7行移動し、右すなわち列方向に5列移動した先に存在するG10セルを参照し、そこに入力されている「あがり」と言う文字列を返します。

① =OFFSET（B5 セル,下に7 コマ,右方向に5 コマ）
① =G12 セル
① = あがり

　ではこの仕組みを財務モデルではどのように活用できるのか？以下の設例で解説します。

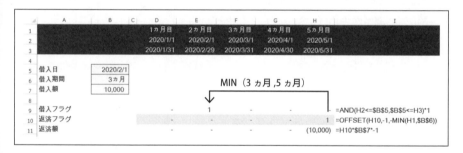

　これは借入金の返済についての財務モデルのシンプルな例です。別途ルールで解説したフラグを活用します。そして借入日と借入期間が与えられれば、自ずと返済日を特定することができます。これを返済フラグがある10行目の数式をH10セルの例に日本語に訳すと以下の通りです。

> ＝借入日から借入期間分だけ経過したタイミングで返済する
>
> ＝借入フラグから借入期間分だけシフトしたセルで返済フラグを立てる
>
> **＝逆説的に言えば、自分が今いる返済フラグのセルから借入期間分だけさかのぼって（左方向に）シフトしたセルに借入フラグがある場合、自分が今いるセルに返済フラグを立てる**
>
> ＝OFFSET(自分が今いる返済フラグのセル , 上に一コマ移動する , 左に借入期間分移動する)
>
> ＝OFFSET(H10,-1,**-$B$6**)
>
> 　※移動する数値をマイナスにすることで、上方向や左方向にも移動できる
>
> ↓
>
> ただし、このままでは 1 ヵ月目や 2 ヵ月目の OFFSET 関数が D 列から始まるモデルの範囲を突き抜けてシフトしてしまう。
>
> ↓
>
> そのため、1 行目にあるモデル開始月からの経過月数を上限にする必要あり。
>
> ＝OFFSET(H10,-1,**-MIN(H1,$B$6)**)

　このように OFFSET 関数はフラグを絡ませると有効に使うことができます。しかしながら、上記の説明のようにシフト先がモデルの範囲を突き抜けてしまうリスクがあります。筆者の財務モデリング実務経験上、このようなミスが含まれたままの財務モデルを多く見かけます。そのため、上記数式のように MIN 関数でシフトするコマ数を制限するなどの細心の注意を払う必要があります。

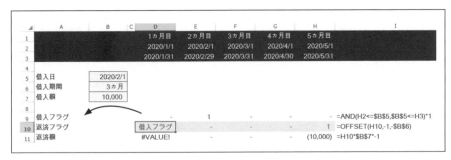

　このようなフラグと絡めた活用法の他にも、減価償却費の計算など財務モデリング実務上 OFFSET を活用できる局面があります。これは別冊で解説します。

（14）MOD

MOD 関数はあまり馴染みがないかもしれません。しかしながら、フラグの運用には有用な関数ですので、頭の片隅に覚えておいて下さい。MOD 関数は、指定した数値を、指定した除数で割り算した時の余りを返してくれます。

=MOD（指定した数値、除数）

つまり、例えば MOD（16，5）と入力した場合、16 ÷ 5 ＝ 3 余り 1 なので、1 が返されます。あまり聞き慣れないこの関数が財務モデリング実務上ではどのような役割を果たしてくれるのか？その威力は年月を利用したフラグを仕組む時に発揮されます。下記の設例で解説します。

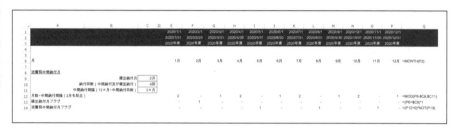

上記の設例は、消費税の中間納付を何月に行うのか？をフラグで表現した財務モデルです。

財務モデルの解説をする前に、消費税の納付方法についての大まかな説明と、本設例の前提条件を説明します。

事業者（企業）は、原則として年に 1 回消費税を確定申告納付しなければなりません（消費税法第 45 条及び第 49 条）。また、直前の課税期間（前事業年度）の確定消費税額の金額次第で定められたタイミングで中間納付をしなければなりません（消費税法第 42 条及び第 48 条）。

本設例では、12 月決算で、直前の課税期間の確定消費税額が 400 万円超 4,800 万円以下であるケースを想定しています。この場合、年に 3 回、直前の課税期間の確定消費税額の 12 分の 3 を中間納付する必要があります（消費税法第 42 条 4 項）。また、中間納付のタイミングは、12 月決算の場合、5 月、8 月及び 11 月です（消費税法第 48 条）。（2 月は確定納付を行います。）

設例の解説に戻ります。では実際にどのように MOD 関数を使って中間納付のタイミングフラグを立てることができるのか？まず中間納付を行う 5 月、8 月及

び 11 月の共通点を見出すことから考えてみましょう。その共通点とは（中間と確定を含む）3 ヵ月に 1 回の納付の頻度を表す『「3」と言う数値で割った時、余りが 2（＝決算日から確定納付までの月数）となる』と言うものです。これを Excel の数式で表現すると以下の通りとなります。

---

12 行目の数式の意味

中間納付月 =「当該月 ÷ 3 の余りが 2」になる月

=「（当該月▲ 2 ÷ 3）の余りがゼロ」になる月

=「MOD（当該月▲ 2,3)」の結果がゼロとなる月

= MOD(P6-$C9,$C11) の結果がゼロとなる月

さらに、『確定納付月となる 2 月を除く』と言うのが厳密な条件となります。この二つ目の条件を数式に落とし込むとき、以下のようなプロセスを経ることになります。

---

14 行目の数式の後半部分の意味

中間納付月＝「確定納付」ではない月

=「確定納付月フラグ」が立っていない月

= NOT（確定納付月フラグ）の結果が 1 となる月

= NOT（P13）の結果が 1 となる月

こちらの条件は、まず「確定納付月フラグ」が立つ数式を組み立て、その上で、先程説明した NOT 関数で確定納付月フラグが立っていない月（厳密には確定納付月フラグが立っていない中間納付月候補）が中間納付月に選ばれることとなります。その仕組みが「消費税中間納付月フラグ」の行の数式です。数式の計算結果として、2 月と 5 月を以下のように示します。

---

2 月の場合：

=（割り算の余りがゼロである）*NOT（確定納付月フラグ）

=（F12=0）*NOT（F13）

=（TRUE）*NOT（1）

=1*0

=0（中間納付月に該当せず）

5月の場合：

= （割り算の余りがゼロである）*NOT（確定納付月フラグ）

= （F12=0）*NOT（F13）

= （TRUE）*NOT（0）

=1*1

=1（中間納付月に該当）

　MOD 関数は上記設例のような月次ベースでのイベントのフラグに対応できるだけではなく、年次イベントにも対応することができます。例えば、数年に一度起きるような船舶の乾ドックのタイミングや半導体工場における停電を伴う大規模な点検作業のタイミング等も頻度（X 年に一度）を除数として西暦を除した余りを検査するのに MOD 関数が役立ちます。

（15）TRANSPOSE

　TRANSPOSE 関数は、列方向（縦）に並んでいる情報を行方向（横）に、行方向（横）に並んでいる情報を列方向（縦）に並び替える関数です。一見シンプルな関数ですが、入力の際注意が必要です。つまり、TRANSPOSE 関数は、配列数式と呼ばれる数式で、以下の手順で入力する必要があります。

配列数式の入力方法
①　並べ替えたい行（列）数と同じ列（行）数の範囲を選択する。
②　 Ctrl + Shift + Enter キーで入力する。

　なお、情報の並びを縦横に並び替える際、単純に値貼り付けをしたい場合は、以下のショートカットで済ませられます。

情報の並びを縦横に並び替えて値貼り付けをするショートカット

① $\boxed{\text{Ctrl}}$ + $\boxed{\text{c}}$

② $\boxed{\text{Alt}}$ → $\boxed{\text{e}}$ → $\boxed{\text{s}}$ → $\boxed{\text{e}}$ → $\boxed{\text{v}}$ → $\boxed{\text{Enter}}$

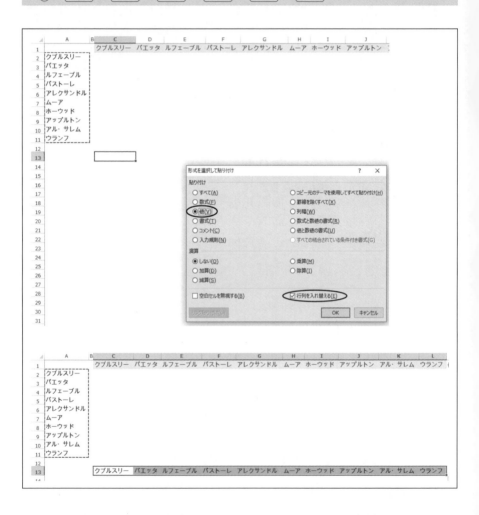

(16) XIRR・XNPV

　次に解説するのはファイナンスに関連する関数の XIRR 関数と XNPV 関数です。まず、XIRR 関数から解説します。XIRR 関数は、「定期的でない」キャッシュ・フローに対する内部利益率（IRR）を返す関数です。この説明で「定期的でない」と言う文言が使われているのは、「定期的な」キャッシュ・フローに対する内部利益

率（IRR）を返す IRR 関数と区別するためです。この IRR 関数の方が XIRR 関数よりもよく知られているかもしれません。しかしながら、財務モデリング実務上は XIRR 関数の方が望ましいケースが多いです。その理由を以下の設例で XIRR 関数と IRR 関数の計算結果の違いを示すことで説明します。また、そもそも IRR とは何か？についての説明は本書では割愛します。

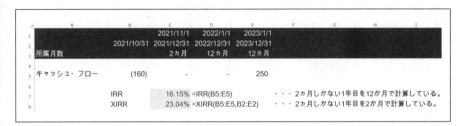

　IRR 関数が対象とするキャッシュ・フローは、発生する間隔が全て年次や月次などの「定期的な」間隔で発生する場合に有効に機能します。そのため、上記の設例のように、最初のタイミングだけ 2 ヶ月後、それ以降は毎期 12 ヶ月後といった「定期的でない」発生間隔のキャッシュ・フローの計算において、IRR 関数は「2 ヵ月のはずの最初のタイミングを 12 ヵ月とみなして」計算を行ってしまう難点があります。

　一方で XIRR 関数は、日付にも参照していることからもわかるように、各事業年度のキャッシュ・フローの発生タイミングが「定期的でない」場合でも、その日付に合わせた IRR 計算を行ってくれます。

　次に XNPV 関数について解説します。こちらも名前から推測されるように、その機能は「定期的でない」キャッシュ・フローの発生から現在価値を算定することです。また、XIRR 関数と同様に XNPV 関数に対して NPV 関数も存在します。NPV 関数も IRR 関数と同様「定期的な」キャッシュ・フローの発生を前提とした活用となります。XNPV 関数と NPV 関数の違いは下記の設例の通りです。つまり、NPV 関数は初年度の数値を 1 年経過したものとして割り引きますが、XNPV 関数では指定した日付で割り引くことになります。

⊿	A	B	C	D	E	F	G	H
1	XNPV関数		2022/12/31	2023/12/31	2024/12/31	2025/12/31	2026/12/31	
2	キャッシュ・フロー		46	112	87	65	500	
3	割引率	12.0%						
4	経過年数		0年	1年	2年	3年	4年	=F4+1
5	割引係数		1.000	0.893	0.797	0.712	0.636	=1/(1+$B$3)^G4
6	現在価値		46	100	69	47	318	=G2*G5
7	現在価値合計		579	=SUM(C6:G6)				
8								
9	XNPV関数の結果		579	=XNPV($B$3,C2:G2,C1:G1)				
10				・・・1年目（2022年度）は割引計算をしない。				
11								
12	NPV関数		2022/12/31	2023/12/31	2024/12/31	2025/12/31	2026/12/31	
13	キャッシュ・フロー		46	112	87	65	500	
14	割引率	12.0%						
15	経過年数		1年	2年	3年	4年	5年	=F15+1
16	割引係数		0.893	0.797	0.712	0.636	0.567	=1/(1+$B$14)^G15
17	現在価値		41	89	62	42	284	=G13*G16
18	現在価値合計		517	=SUM(C17:G17)				
19								
20	NPV関数の結果		517	=NPV($B$14,C13:G13)				
21				・・・1年目（2022年度）から割引計算を開始。				

（17）YEAR・MONTH・DAY・EOMONTH・DATEDIF

　財務モデリング上日付や日数計算はほぼ必ず必要となります。そのため、日付に関連する関数についても最低限マスターしましょう。

　まずは、特定の日付から「年」、「月」又は「日」のみを取り出すことができる関数です。その名も YEAR 関数、MONTH 関数及び DAY 関数です。

> **=YEAR（年を取り出したい日付）**
> **=MONTH（月を取り出したい日付）**
> **=DAY（日を取り出したい日付）**

下記のシンプルな設例でそれぞれの役割を表現しています。

	2017/11/1	2017/12/1	2018/1/1	
	2017/11/30	2017/12/31	2018/1/31	
	⬇	⬇	⬇	
年	2017	2017	2018	=YEAR(E$2)
月	11	12	1	=MONTH(E$2)
日	30	31	31	=DAY(E$2)

　関数のレベルをもう一段階上げましょう。次は EOMONTH 関数について解説します。EOMONTH 関数は、指定した日付の指定した月数分後の日付が属する月の

末日を返す、と言うものです。その名の通り End Of MONTH を返してくれる機能です。

=EOMONTH（日付 , 算出したい X ヶ月後）

この機能自体はシンプルですが、以下の設例のように年度末の日付を返したい場合は少し注意が必要です。

2020/4/1	=EOMONTH(A1,1)
	2020/5/31 →2020/4/1から1ヵ月後の月末日を返している。
2020/4/1	=EOMONTH(A4,12)
	2021/4/30 →2020/1/1から12ヵ月後として2021/4/1と認識し、2021/4/30を返す。
	=EOMONTH(A4,12-1)
	2021/3/31 →年度末の日付を返したいなら、「12-1」とする。

つまり、事業年度開始日を起算日として事業年度末日を EOMONTH 関数で算出したい場合、「12 ヶ月後」ではなく「12- 1 ヶ月後」とする必要があるので注意して下さい。

日付系関数で最後に解説するのは DATEDIF 関数です。DATEDIF 関数は、指定した二つの日付の間の年数、月数又は日数を算定する機能を持っています。

=DATEDIF（起算日 , 終了日 , 算出したい単位）
算出したい単位：
年数→ "Y"
月数→ "M"
日数→ "D"

Excel 上の日数計算は「片端入れ」、すなわち起算日を含めないで計算します。以下の設例の通り、DATEDIF 関数における日数計算も、起算日自体を 1 日とはカウントしてくれません。そのため、DATEDIF 関数の結果に「+ 1」するなどして、いわゆる「両端入れ」工夫が必要となる点注意して下さい。

```
2017/1/1
2017/12/31
```

| 364 | =DATEDIF(A1,A2,"D") |
| 365 | =DATEDIF(A1,A2,"D")+1 |

| 11 | =DATEDIF(A1,A2,"M") |
| 12 | =DATEDIF(A1,A2,"M")+1 |

| - | =DATEDIF(A1,A2,"Y") |
| 1 | =DATEDIF(A1,A2,"Y")+1 |

以上の日付系関数が財務モデリング実務上最も効果を発揮するのが、いわゆる「時間軸」の財務モデリングのケースです。「時間軸」の財務モデリングは別途の機会で解説しますが、本書では「時間軸」シートの一例を以下の通り示します。

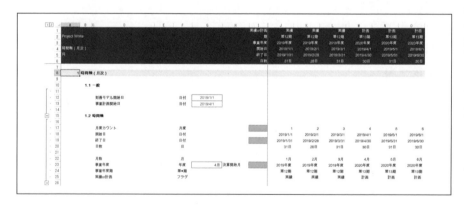

O 列の数式

17 行目＝ N17+1

18 行目＝ IF(O17=1,$G$12,N19+1)

19 行目＝ EOMONTH(O18,0)

20 行目＝ DATEDIF(O18,O19,"D")+1

22 行目＝ MONTH(O18)

23 行目＝ IF(O17=1,YEAR($G$12),N23+(O22=$G23)*1)

24 行目＝ SUMIF('時間軸（年次）'!$J$23:$O$23,O23,'時間軸（年次）'!$J$24:$O$24)

25 行目＝ ($G$13<=O18)*1

(18) PMT・PPMT・IPMT

ここで解説する関数は、借入金やリース債務が元利均等返済となっている場合に有効です。PMT 関数、PPMT 関数及び IPMT 関数はそれぞれ以下のような機能を持っています。

PMT系関数

PMT	元利均等返済の毎月の返済額（Payment）を算定する。
PPMT	毎月の返済額のうち元本返済額（Principal Payment）を算定する。
IPMT	毎月の返済額のうち金利返済額（Interest Payment）を算定する。

そして、それぞれの公式は以下の通りです。

=PMT（金利, 総返済回数, 元本金額）

=PPMT（金利, 返済回数, 総返済回数, 元本金額）

=IPMT（金利, 返済回数, 総返済回数, 元本金額）

上記の通り、公式の構造自体は比較的シンプルなので、使いこなせるようにし

ておくのが良いです。では、財務モデリング実務上どのように役立てられるのか？
以下のリース取引の設例を用いて解説します。

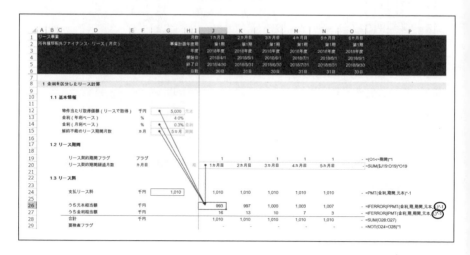

　リース料は、基本的には物件自体の購入価額、つまりリース債務元本相当額と
その購入にかかる金利相当額から構成されています。そこで、これらの構成要素
に区分することに何の意味があるのか？と言う疑問があるかもしれません。確か
にリース債務元本相当額と金利相当額いずれもキャッシュ・アウトを伴う費用な
ので、まとめて「リース料」と把握するのがシンプルです。しかしながら、IFRS（国
際会計基準）第16号「リース」では、原則としてリース料の支払いにおける元本
相当額はリース債務（B/S項目）の返済として、金利相当額は支払利息（P/L項目）
として会計処理されることになるため、両者を区分して把握しなければなりませ
ん。そのため、PPMT関数などを駆使して元本返済部分と金利支払部分とを区分
して計算しましょう。

　なお、これらの関数の結果はマイナスで算定されるため、正の数でアウトプッ
トしたい場合はマイナスを乗じるなどした工夫が必要になります。

COLUMN [Alt] → [e] → [s] のバイエル

　本項では、行と列を入れ替えて貼り付けるショートカットを紹介しました。ここで紹介したショートカットの途中まで、すなわち、「[Alt] → [e] → [s] →…」と言うショートカットは様々な貼付けを行うショートカットの全てに共通しています。そのため、ピアノのバイエルのように手（主に左手）が反射的に動くようになるまでこのショートカットを覚えて下さい。財務モデリング実務上特に頻繁に使われる貼付けのショートカットは以下の通りです。

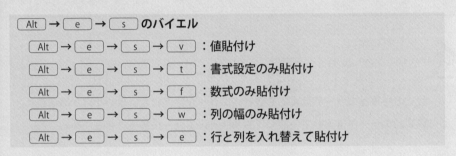

[Alt] → [e] → [s] のバイエル

[Alt] → [e] → [s] → [v] ：値貼付け

[Alt] → [e] → [s] → [t] ：書式設定のみ貼付け

[Alt] → [e] → [s] → [f] ：数式のみ貼付け

[Alt] → [e] → [s] → [w] ：列の幅のみ貼付け

[Alt] → [e] → [s] → [e] ：行と列を入れ替えて貼付け

形式を選択して貼り付け　　　　　　　　　　　　　　　？　　×

貼り付け

◉ すべて(A)　　　　　　　　　　○ コピー元のテーマを使用してすべて貼り付け(H)

○ 数式(F)　　　　　　　　　　　○ 罫線を除くすべて(X)

○ 値(V)　　　　　　　　　　　　○ 列幅(W)

○ 書式(T)　　　　　　　　　　　○ 数式と数値の書式(R)

○ コメント(C)　　　　　　　　　○ 値と数値の書式(U)

○ 入力規則(N)　　　　　　　　　○ すべての結合されている条件付き書式(G)

演算

◉ しない(O)　　　　　　　　　　○ 乗算(M)

○ 加算(D)　　　　　　　　　　　○ 除算(I)

○ 減算(S)

□ 空白セルを無視する(B)　　　　□ 行列を入れ替える(E)

リンク貼り付け(L)　　　　　　　　　　OK　　　　キャンセル

20 数式のお作法：
隠れエラーに注意

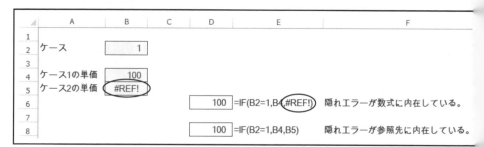

▲	A	B	C	D	E	F
1						
2	ケース	1				
3						
4	ケース1の単価	100				
5	ケース2の単価	#REF!				
6				100	=IF(B2=1,B4,#REF!)	隠れエラーが数式に内在している。
7						
8				100	=IF(B2=1,B4,B5)	隠れエラーが参照先に内在している。

キーメッセージ

① 数式の結果がエラーでなくても数式にエラーが含まれていないか確かめること。

② 数式にエラーが含まれていなくても参照先にエラーがあるかを確かめること。

便利な Tips

① [Ctrl] + [f] → #REF!：エラー表示の検索

1. 隠れエラーとは

　#REF! をはじめとするエラー表示は、財務モデリング上重大なインパクトがあります。そのため、財務モデリングからエラーは取り除かなければなりません。スプレッドシート上エラー表示が見えていれば発見するのも容易です。しかしながら、エラーは見えない部分にも潜んでいる可能性があります。上記の事例で解説します。

　まず、上段の IF 関数のように、数式の結果がエラー表示となっていないものの、数式の内部にエラー表示が潜んでいるケースです。この事例では、IF 関数の条件である B 2 セルが 1 であることを満たしています。そのため、B 4 セルの 100 が返されています。しかしながら、条件を満たさなかった場合に返される値を見ると、#REF! とエラー表示になっています。このように、条件をたまたま満たしているために、数式内部のエラー表示を見落とす可能性がある点に注意して下さい。

次に、数式上もエラー表示はないが、その参照先にエラーが潜んでいるケースです。上記設例の下の IF 関数を見る限りエラー表示はなく、またその計算結果もエラーではないので一見問題はなさそうです。しかしながら、B2のケース番号を1から他の番号に変えて見ると以下のような計算結果となります。

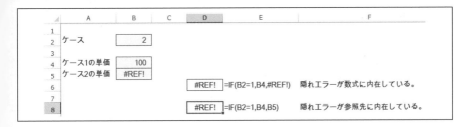

つまり、下の IF の数式の条件を満たさなかった場合の参照先 B5セルにエラーが潜んでいたのです。このように参照先にもエラーが潜んでいる可能性がある点にも注意して下さい。

2. 解決策

次に、エラー表示への対策を解説します。エラーは文字列として扱われます。そのため、以下のショートカットで検索をかけることで発見することができます。もちろん、数式内に潜んでいるエラーもあぶり出すことができます。

Ctrl + f → #REF! と入力 → Enter

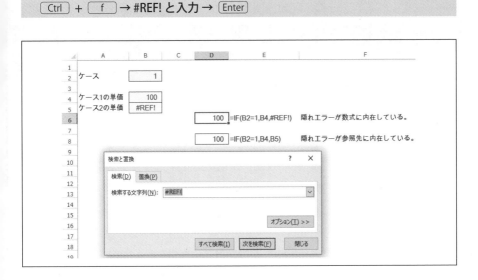

21 数式のルール：
プラス主義

1 損益計算書

	ケース①		ケース②	
売上高	13,579		13,579	
売上原価	(9,752)		9,752	
売上総利益	3,827	=D7+D8	3,827	=F7-F8
販売費及び一般管理費	(2,344)		2,344	
営業利益	1,483	=D9+D11	1,483	=F9-F11
支払利息	(86)		86	
受取配当金	33		(33)	
経常利益	1,430	=SUM(D12,D14:D15)	1,430	=F12-(F14+F15)
特別利益	100		(100)	
特別損失	(34)		34	
税引前当期純利益	1,496	=SUM(D16,D18:D19)	1,496	=F16-(F18+F19)
法人税等	(464)		464	
当期純利益	1,032	=D20+D22	1,032	=F20-F22

財務モデリングブートキャンプ
Cabulation
ベース・ケース

		事業計画年度期 実績計画	第1期 計画	第2期 計画	第3期 計画	第4期 計画	第5期 計画	第6期 計画
		開始日	2019.4/1	2020.4/1	2021.4/1	2022.4/1	2023.4/1	2024.4/1
		終了日	2020.3.31	2021.3.31	2022.3.31	2023.3.31	2024.3.31	2025.3.31
		日数	366日	365日	365日	365日	366日	365日

1 人件費

1.1 人件費 - 製造原価
1.2 人件費 - 販売費及び一般管理費
1.3 未払費用

期首残高	百万円		-	2,052	2,154	2,323	2,488	2,638
人件費 - 製造原価	百万円		12,600	13,230	14,298	15,364	16,290	17,271
人件費 - 販売費及び一般管理費	百万円		4,043	4,287	4,546	4,820	5,110	5,425
支払	百万円		(16,870)	(17,415)	(18,675)	(20,019)	(21,251)	(22,544)
期末残高	百万円		2,052	2,154	2,323	2,488	2,638	2,790

キーメッセージ

① アウトプット・シートでは、収益、利益、キャッシュ・インはプラス表示、費用・損失、キャッシュ・アウトはマイナス表示で統一する。

② 計算シートでは、増加項目はプラス、減少項目はマイナスで統一する。

　財務モデルでは、ほぼすべてのケースで計算結果の集計が必要となります。筆者の財務モデリング実務経験上、その集計の仕方においては、以下の二派に分かれていると考えます。

① ポジティブなイメージの項目や増加の項目はプラス、ネガティブなイメージや減少の項目はマイナスで表示する。

② 基本的に全てプラスで表示する。

　早速設例で解説します。まずは損益計算書を例にアウトプットの表示方法について解説します。

財務モデリングブートキャンプ
損益計算書

1 損益計算書

	ケース①		ケース②	
売上高	13,579		13,579	
売上原価	(9,752)		9,752	
売上総利益	3,827	=D7+D8	3,827	=F7-F8
販売費及び一般管理費	(2,344)		2,344	
営業利益	1,483	=D9+D11	1,483	=F9-F11
支払利息	(86)		86	
受取配当金	33		(33)	
経常利益	1,430	=SUM(D12,D14:D15)	1,430	=F12-(F14+F15)
特別利益	100		(100)	
特別損失	(34)		34	
税引前当期純利益	1,496	=SUM(D16,D18:D19)	1,496	=F16-(F18+F19)
法人税等	(464)		464	
当期純利益	1,032	=D20+D22	1,032	=F20-F22

　ケース①は、売上高や受取配当金、特別利益などの収益や利益に当たるような
いわゆるポジティブなイメージの項目の数値をプラスで表示します。一方で、売
上原価や販売費及び一般管理費などの原価・費用や損失などのネガティブなイメー
ジの項目をマイナスで表示します。

　ケース②では、売上高、売上原価、販売費及び一般管理費の数値はプラスで表
示しています。次に、支払利息や受取配当金のような「営業外項目」については、
支払利息をプラス、受取配当金をマイナスとしています。このプラス・マイナス
の表示の仕方の背景には、『「営業外項目」は基本的には集計されると営業外費用
となる』ことが前提となっています。そのため、営業外費用を「減少」させる項
目である受取配当金はマイナスで表示されることになります。

　では財務モデリング実務上いずれの表示方法が望ましいのか？筆者はケース①
をおすすめします。

　なぜならば、各段階損益の集計の数式がシンプルになるためです。例えば売上
総利益であれば、売上高と売上原価について、ケース①では「売上高＋（マイナ
ス表示の）売上原価」、ケース②では「売上高－（プラス表示の）売上原価」と両
者共に比較的シンプルに済ませられます。しかしながら、営業外損益の数式とな
ると以下の通り両ケースでシンプルさにおいて差が出てきます。

ケース①
　経常利益＝営業利益＋支払利息（マイナス）＋受取配当金（プラス）
ケース②
　経常利益＝営業利益－営業外項目※
　※営業外項目＝支払利息（プラス）＋受取配当金（マイナス）

　また、ケース②で受取配当金のような収益項目がマイナス表示されるのは直感
的には違和感があり、感覚面でも数式のチェックが煩雑になってしまいます。

　以上の理由から、損益計算書では収益・利益のポジティブなイメージの項目は
プラス、原価・費用・損失のネガティブなイメージの項目はマイナスで表示しましょ
う。同様にキャッシュ・フロー計算書においてもキャッシュ・イン・フロー項目
はプラス、キャッシュ・アウト・フロー項目はマイナス表示にします。なお、貸
借対照表についても資産項目はプラス、負債・資本項目はマイナスで表示するこ
とになりますが、我が国の財務モデリング実務上は議論の余地があるのが実情で

す。

　次に計算シートにおけるプラス・マイナスの使い方について、以下の未払費用の計算モデルの設例で解説します。

財務モデリングブートキャンプ Cabubtbn ベース・ケース		事業計画年度期 実績計画 開始日 終了日 日数	第1期 計画 2019.4/1 2020.3/31 366日	第2期 計画 2020.4/1 2021.3/31 365日	第3期 計画 2021.4/1 2022.3/31 365日	第4期 計画 2022.4/1 2023.3/31 365日	第5期 計画 2023.4/1 2024.3/31 366日	第6期 計画 2024.4/1 2025.3/31 365日
1 人件費								
1.1 人件費 - 製造原価								
1.2 人件費 - 販売費及び一般管理費								
1.3 未払費用								
期首残高	百万円		–	2,052	2,154	2,323	2,488	2,638
人件費 - 製造原価	百万円		12,600	13,230	14,298	15,364	16,290	17,271
人件費 - 販売費及び一般管理費	百万円		4,043	4,287	4,546	4,820	5,110	5,425
支払	百万円		(16,870)	(17,415)	(18,675)	(20,019)	(21,251)	(22,544)
期末残高	百万円			2,052	2,154	2,323	2,488	2,638	2,790

　未払費用は貸借対照表上の負債項目です。そのため、前述のケース①に従えば、マイナス表示されるべきです。しかしながら、計算シートでは、未払費用の財務諸表上の性質の問題よりも「未払費用残高自体を計算する」という目的自体をより重視されるべきです。そこで、計算シートでは計算の対象となる項目（この設例では未払費用）の増加要因となるものはプラス、減少要因となるものはマイナスで表示することになります。それによって、計算シートの構造自体が直感的になります。また、残高のような増減要因の集計結果が SUM 関数で集計するだけで済み、これも財務モデルのシンプル化に繋がります。

　以上のようにアウトプット・シートにおいてポジティブなイメージの項目はプラスとし、計算シートの計算対象は全てプラスで計算することを「プラス主義」と名付けることとします。

22 数式のお作法：
デイジーチェーンは禁止

財務モデリングブートキャンプ
計算
ベース・ケース

			実績	第1期 計画	第2期 計画	第3期 計画	第4期 計画	第5期 計画	第6期 計画	第7期 計画
事業計画年度期										
実績計画			実績							
開始日			2017/4/1	2018/4/1	2019/4/1	2020/4/1	2021/4/1	2022/4/1	2023/4/1	2024/4/1
終了日			2018/3/31	2019/3/31	2020/3/31	2021/3/31	2022/3/31	2023/3/31	2024/3/31	2025/3/31
日数			365日	365日	366日	365日	365日	365日	366日	365日

5.2 減価償却費・除却

既存有形固定資産

		実績	第1期	第2期	第3期	第4期	第5期	第6期	第7期
期首残高	百万円		13,406	10,724	8,043	5,362	2,681	-	-
計画期間減価償却費 (5年)	百万円		(2,681)	(2,681)	(2,681)	(2,681)	(2,681)	-	-
計画期間期末残高 =インプット!$C$115	百万円		10,724	8,043	5,362	2,681	-	-	-
実績期間期末残高	百万円	13,406							
既存有形固定資産	百万円		13,406	10,724	8,043	5,362	2,681	-	-
計画期間減価償却費	百万円		2,681	2,681	2,681	2,681	2,681	-	-
実績期間減価償却費	百万円	3,699							
減価償却費 (既存有形固定資産分)	百万円	3,699	2,681	2,681	2,681	2,681	2,681	-	-
減価償却費 (新規投資分) =$C$207 (5年)	百万円		540	1,080	4,820	5,360	5,900	5,900	5,900

キーメッセージ

① 計算要素となる前提条件はインプットシートから直接リンクさせる。

② 他の計算要素の前提条件をリンクしない。

　　デイジーチェーンとは、平たく言えば数珠つなぎのことです。元来は電気機器などのハードウェアの繋ぎ方を言い、データや情報がハードウェアの間をバケツリレーのように流れていく状態のことです。では、財務モデリング上のデイジーチェーンとは何か？について、下記の設例で解説します。

財務モデリングブートキャンプ
計算
ベース・ケース

			実績	第1期 計画	第2期 計画	第3期 計画	第4期 計画	第5期 計画	第6期 計画	第7期 計画
事業計画年度期										
実績計画			実績							
開始日			2017/4/1	2018/4/1	2019/4/1	2020/4/1	2021/4/1	2022/4/1	2023/4/1	2024/4/1
終了日			2018/3/31	2019/3/31	2020/3/31	2021/3/31	2022/3/31	2023/3/31	2024/3/31	2025/3/31
日数			365日	365日	366日	365日	365日	365日	366日	365日

5.2 減価償却費・除却

既存有形固定資産

期首残高	百万円		13,406	10,724	8,043	5,362	2,681	-	-
計画期間減価償却費 (5年)	百万円		(2,681)	(2,681)	(2,681)	(2,681)	(2,681)	-	-
計画期間期末残高 =インプット!$C$115	百万円		10,724	8,043	5,362	2,681	-	-	-
実績期間期末残高	百万円	13,406							
既存有形固定資産	百万円		13,406	10,724	8,043	5,362	2,681	-	-
計画期間減価償却費	百万円		2,681	2,681	2,681	2,681	2,681	-	-
実績期間減価償却費	百万円	3,699							
減価償却費 (既存有形固定資産分)	百万円	3,699	2,681	2,681	2,681	2,681	2,681	-	-
減価償却費 (新規投資分) =$C$207 (5年)	百万円		540	1,080	4,820	5,360	5,900	5,900	5,900

　　上記の設例は有形固定資産の減価償却費の計算モデルです。有形固定資産は既存有形固定資産と新規投資分の有形固定資産の2種類が存在するとします。また、

上記の設例では耐用年数が両者ともに5年とします。そこで、財務モデル上先に（上に）出てきた「既存有形固定資産」の耐用年数をインプットシートから引っ張ってきている一方で、「新規投資分」の耐用年数を同じ耐用年数である「既存有形固定資産」の耐用年数（G207のセル）から引っ張ってきています。このようにとある計算要素（新規投資分の耐用年数）をインプットシートから直接リンクするのではなく、他の計算要素（既存有形固定資産の耐用年数）を経由してリンクすることを財務モデリング上のデイジーチェーンと言います。

　では、財務モデリングにおけるデイジーチェーンの是非は？結論は、財務モデリングにおけるデイジーチェーンは好ましくないです。何故ならば、デイジーチェーンは「断線」してしまうリスクがあるためです。上記の設例では、2種類の固定資産は「たまたま」耐用年数が5年と共通していたので財務モデルもワークしていました。そのため、仮に下記のように耐用年数が異なってしまった場合、どうなるでしょうか？

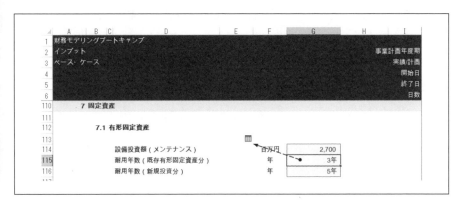

　上記設例では、「既存有形固定資産」にかかる耐用年数を5年から3年に変更したケースです。計算シート上の「既存有形固定資産」にかかる耐用年数は、インプットシートのG115セルから直接リンクさせていますので、無事耐用年数は3年に変更されます。一方で「新規投資分」にかかる耐用年数は、耐用年数に変更はないので、5年のままであるべきです。しかしながら、計算シート上の「新規投資分」にかかる耐用年数は、インプットシートのG116セルをリンクしておらず、従来「たまたま」同じ耐用年数だった「既存有形固定資産」にかかる耐用年数がリンクされている計算シートのセル（G207セル）をリンクしているので、下記の通り「既存有形固定資産」の耐用年数が変更されたのに釣られて誤って3年に変更されて

しまいます。

これがデイジーチェーンのもたらす典型的な弊害です。モデラーは限られた時間の中で作業を最小限に抑える必要があります。その結果、このようなデイジーチェーンを作ってしまうケースは非常に多く見受けられます。しかしながら、本来怠るべきでない手間を省いてしまうと、後々のモデルのレビューに時間がかかってしまうばかりか、最悪のケースではミスが見逃されてしまうことに繋がります。そのため、デイジーチェーンが生まれないように、前提条件などは丁寧にインプットシートからリンクするなどの注意を払いましょう。

23 数式のお作法：
計算は一か所のみ

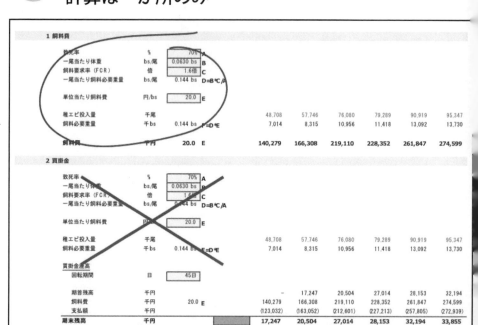

キーメッセージ

① 一つの計算項目は一か所のみで行い、複数の場所で同じ計算を行わないこと。

筆者の財務モデリング実務経験上、財務モデルを必要以上に複雑なものにしてしまう要因の一つとして、「同じ計算を別の場所で何度も行ってしまう」ケースが挙げられます。例えば、以下のようなケースです。

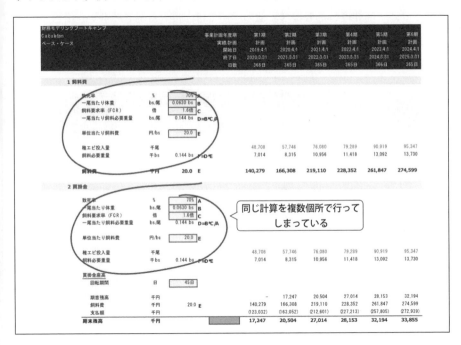

上記はエビの養殖の財務モデルの一部です。エビに限らず食用の動物にかかる養殖畜産業の重要な KPI は飼料つまりエサにまつわるものが多いです。例えば、稚エビから出荷できるサイズの大人のエビになるまでに死んでしまう比率である「致死率」（Mortality）、大人のエビ「一尾当たり体重」、エビ一尾が稚エビから大人のエビになるまでに必要となるエサの重量のエビの体重に対する比率である「飼料必要重量」（Feed Conversion Ratio, FCR）、そしてエサの単位当たり価格です。これら複数の KPI を考慮して単位当たりの飼料費が算定されます。

話を戻します。上記の設例の財務モデルでは、単位当たり飼料費を P/L 上の飼

料費の算定とその飼料の仕入にかかる債務である買掛金の算定のために用いる必要があります。そのために、各項目でKPIが複数登場する単位当たり飼料費を再び一から計算していることがわかります。

しかしながら、上記設例のように全く同じ計算を複数の場所で行ってしまうと、形式的な観点からは、見た目が煩雑になり、財務モデルが読み手にとって分かりづらくなってしまう要因となります。また、さらに問題となるのは、実質的な観点からは、いずれかのKPIを変更する際、複数のセルを変更しなければならず、手間がかかる上に変更漏れのミスの可能性が高くなってしまいます。

そこで、一度計算したものは、他の場所では二度と計算させない、と言うことが必要です。下記の設例は、一度計算された飼料費を、買掛金のセクションでそのまま使うことで二度計算を回避しているものです。

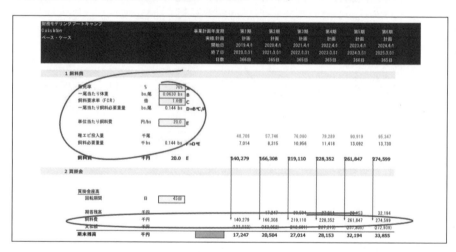

24 数式のお作法：循環計算は禁止

Microsoft Excel　　　　　　　　　　　　　　　　　　　　　　　　　×

⚠　ご注意ください。ブックに循環参照が見つかったため、数式を正しく計算できない可能性があります。

参考: 循環参照とは、計算結果を表示するセルに自身を入れてしまった場合や、その値に依存するセルを入れてしまった数式をいいます。

　　　　　　　OK　　　　　　　ヘルプ(H)

					開始日	2019/4/1	2020/4/1	2021/4/1	2022/4/1	
1	財務モデリング ブートキャンプ				終了日	2020/3/31	2021/3/31	2022/3/31	2023/3/31	
3										
4	1 損益計算書									
5										
6	当期純利益					-	(232)	103	230	
7										
8	2 貸借対照表									
9										
10	現金及び預金					100	(132)	(29)	201	
11	資産合計					100	(132)	(29)	201	
12	リボルバー					-	-	-	-	
13	負債合計					-	-	-	-	
14	資本					(100)	(100)	(100)	(100)	
15	剰余金					-	232	129	(101)	
16	純資産合計					(100)	132	29	(201)	
17	負債及び純資産合計					(100)	132	29	(201)	
18										
19	3 キャッシュ・フロー計算書									
20										
21	当期純利益					-	(232)	103	230	
22	営業活動によるキャッシュ・フロー					-	(232)	103	230	
23	増資によるキャッシュ・フロー					100	-	-	-	
24	リボルバーの借入によるキャッシュ・フロー					-	-	-	=M34	
25	リボルバーの返済によるキャッシュ・フロー					-	-	-	=M35	
26	財務活動によるキャッシュ・フロー					100	-	-	-	
27	キャッシュ・フロー合計					100	(232)	103	230	
28	現金及び現金同等物期首残高					-	100	(132)	(29)	
29	現金及び現金同等物期末残高					100	(132)	(29)	201	
30										
31	4 リボルバー									
32										
33	期首残高					-	-	-	=L36	
34	借入額					-	132	29	=MIN(0,M29)*-1	
35	返済額					-	(132)	(29)	=MIN(SUM(M33:M34),M29)	
36	期末残高					-	-	-	=SUM(M33:M35)	

キーメッセージ

① 循環計算は禁止。

② 反復計算も望ましくない。

③ 循環計算を解消するために、財務モデルの目的に照らしてある程度計算を簡略化できないかを試みる。

④ 次に連立方程式を組めないかを試みる。

便利な Tips

① Alt → w → m → r ：「マクロの記録」を開く。

② Alt → a → w → g ：「ゴールシーク」を開く。

③ Alt → f → t ：「ファイル」の「オプション」を開く

④ Alt + F11 ：VBE（Visual Basic Editor）を起動

1. 循環計算とは？

　循環計算とは、循環参照、つまり、複数の情報が相互の情報を参照し合ってループを成している状態の計算のことです。よりイメージしやすく表現するならば、「ニワトリが先か？タマゴが先か？」のことです。ニワトリはタマゴから生まれます。そしてタマゴはニワトリから生まれます。この時、どちらが先に存在しているのか？と言う議論と同じです。

Excel でごく簡単に表現すると以下のような状態を循環参照と言います。

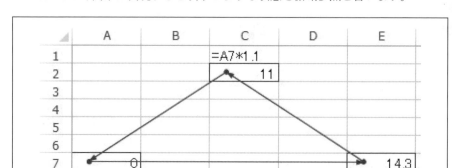

つまり、14.3 と言う数値が入っている E 7 セルは、C 2 セルの 11 に 1.3 を乗じて算定されています。次に、その C 2 セルは A 7 セルに 1.1 を乗じで算定されています。では、その A 7 セルはどのように計算されているかと言うと、E 7 セル、つまり最初にもとめようとしたセルを参照しているのです。E 7 → C 2 → A 7 → E 7 →…（以下略）と言うようにグルグルと同じ情報を参照してしまうこと、これが Excel における循環参照です。循環計算が発生すると以下のようなエラーメッセージが表示されます。財務モデラーが最もうんざりするメッセージでしょう。

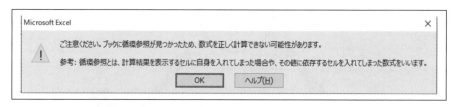

2. 財務モデリング実務上の循環計算

では、この「ニワタマ」の循環計算が財務モデリング実務上どのように出てくるのか？についてよくある事例を解説します。

① 業績連動賞与

循環計算の典型例としてまず挙げられるのが業績連動賞与です。つまり、経営成績の良し悪しによって支給される額が決定されるようなボーナスのことです。役員や従業員の経営成績を最もよく反映する指標の一つとして営業利益が挙げられます。そしてその営業利益は粗利益（売上総利益）から人件費を含む販売費及

び一般管理費を差し引いて算定されます。その人件費には、当然上記のような業績連動賞与も含まれます。さて、ここでどのように循環計算が起こっているのか？を整理します。

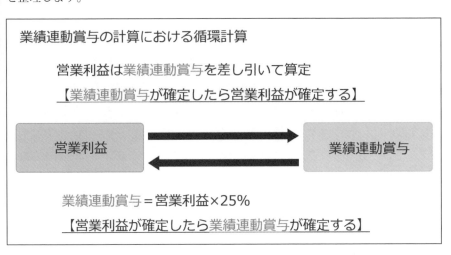

業績連動賞与の金額を決めるのは営業利益です。そして、その営業利益は業績連動賞与の金額を考慮して決まります。そのため、業績連動賞与と営業利益がお互いにその計算根拠を頼って（参照して）しまっている、と言う循環計算が起きているのです。

以下の通り、具体的に Excel で業績連動賞与の循環計算を例示しました。

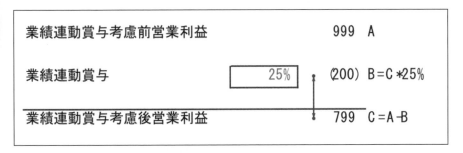

業績連動賞与 200 は「業績連動賞与考慮後営業利益× 25%」で算定されています。一方でその計算要素である業績連動賞与考慮後営業利益は「業績連動賞与考慮前営業利益▲業績連動賞与」で算定されています。そして、その業績連動賞与は、その計算要素である営業利益に基づいて算定されます。以降無限ループのようにお互いがお互いを参照し合う循環計算が起きてしまっているのです。上記設例の

青い矢印は、Excel 上循環計算の存在を表すもので、上記のエラーメッセージの表示と同時に自動的に表示されます。

② リボルバー（当座借越）

　リボルバーとは、予め定められた金額枠（コミットメント・ライン）の範囲内で必要に応じていつでも借入れることができるローンの取り決めのことです。また、リボルバーで借入れたローンを返済すれば、コミットメント・ラインに余裕ができるので、その範囲内でまたいつでも借入れることができます。リボルバーは、主に LBO ファイナンスにおいて、買収資金の融資であるターム・ローンとは別枠でアレンジされるもので、主に運転資本をカバーすることを想定して調達されます。個人の銀行預金で付されることがある当座借越と同じ性質のイメージです。

　財務モデリング上、キャッシュ残高がマイナスになってしまうような場合、リボルバーを発動させてマイナスを補うまで、つまりキャッシュ残高がゼロになるまで借入れる、という前提を立てることが一般的です。（より正確に言えば、事業を進めるうえで使用せずに手許に置いておく必要のあるキャッシュ（必要手許現金及び預金）を下回る残高となるような場合、その必要手許現金及び預金残高まで回復するようにリボルバーを発動することになります。）つまり、運転資本の負担や設備投資に対して十分なキャッシュ残高がない場合にキャッシュが底をついてしまうと言う前提です。では、このリボルバーが財務モデリング上どのような循環計算となっているのでしょうか？

リボルバー（当座借越）の計算における循環計算

　キャッシュ残高がマイナスとなる場合リボルバーが発動
　【キャッシュが確定したらリボルバーが確定する】

キャッシュ残高　→　リボルバー（当座借越）

　キャッシュ残高がマイナスとなるかどうかはリボルバー次第
　【リボルバーが確定したらキャッシュが確定する】

　まず、リボルバーは、キャッシュ残高がマイナスになる時に発動されます。そして、その発動のきっかけとなるキャッシュ残高はリボルバーの発動の有無や借入又は返済された金額を考慮して算定されます。そして、そのリボルバーの発動の有無は、キャッシュ残高がマイナスになるか否かで決まります。これも以下無限ループでキャッシュ残高とリボルバーの発動がお互いを参照し合う循環計算が起きています。以下の設例は、循環計算が発生しているリボルバーの財務モデルです。色塗りの部分が循環参照となっています。

	A	B	C	D	E	F	G	H	I	J	K	L	M	N
1	財務モデリングブートキャンプ								開始日	2019/4/1	2020/4/1	2021/4/1	2022/4/1	
2									終了日	2020/3/31	2021/3/31	2022/3/31	2023/3/31	
3														
4		1 損益計算書												
5														
6			当期純利益							-	(232)	103	230	
7														
8		2 貸借対照表												
9														
10			現金及び預金							100	(132)	(29)	201	
11			資産合計							100	(132)	(29)	201	
12			リボルバー							-	-	-	-	
13			負債合計							-	-	-	-	
14			資本							(100)	(100)	(100)	(100)	
15			剰余金							-	232	129	(101)	
16			純資産合計							(100)	132	29	(201)	
17			負債及び純資産合計							(100)	132	29	(201)	
18														
19		3 キャッシュ・フロー計算書												
20														
21			当期純利益							-	(232)	103	230	
22			営業活動によるキャッシュ・フロー							-	(232)	103	230	
23			増資によるキャッシュ・フロー							100	-	-	-	
24			リボルバーの借入によるキャッシュ・フロー							-	-	-	-	=M34
25			リボルバーの返済によるキャッシュ・フロー							-	-	-	-	=M35
26			財務活動によるキャッシュ・フロー							100	-	-	-	
27			キャッシュ・フロー合計							100	(232)	103	230	
28			現金及び現金同等物期首残高							-	100	(132)	(29)	
29			現金及び現金同等物期末残高							100	(132)	(29)	201	
30														
31		4 リボルバー												
32														
33			期首残高							-	-	-	-	=L36
34			借入額							-	132	29	-	=MIN(0,M29)*-1
35			返済額							-	(132)	(29)	-	=-MIN(SUM(M33:M34),M29)
36			期末残高							-	-	-	-	=SUM(M33:M35)

③　預金利息

　次は、預金利息の循環計算について解説します。

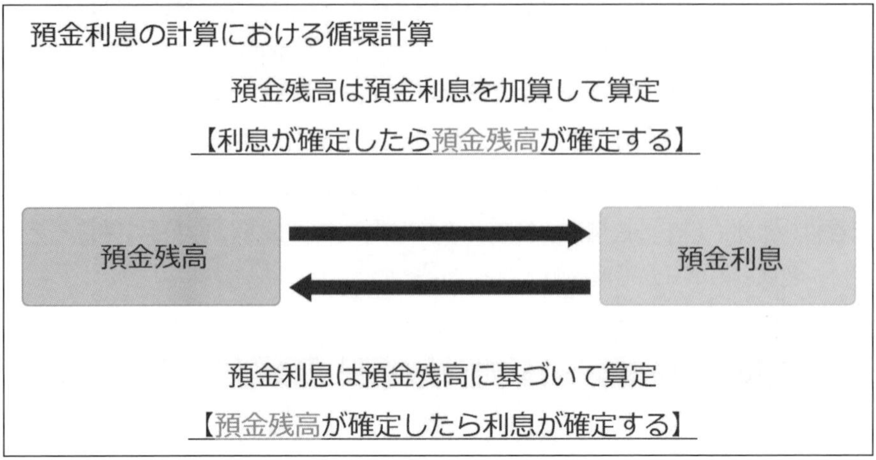

預金利息の計算における循環計算

預金残高は預金利息を加算して算定

【利息が確定したら預金残高が確定する】

預金残高	預金利息

預金利息は預金残高に基づいて算定

【預金残高が確定したら利息が確定する】

　預金にかかる利息は預金残高に基づいて計算されます。そして利息の計算要素である預金残高は、預金利息を考慮して算定されます。その預金利息は預金残高に基づいて計算されます。以下無限ループです。

④　固定資産の取得原価に算入される金利

　次は主にプロジェクト・ファイナンスで見られる事例です。比較的ややこしいかもしれません。プロジェクト・ファイナンスを用いて自己資金（＝エクイティ）だけでは賄いきれない固定資産、例えば工場や船舶、航空機などを建設・購入する場合、建設・購入資金のために調達したローンにかかる金利のうち稼働前に発生した分については、会計上その固定資産の取得原価に算入することができます。（企業会計原則と関係諸法令との調整に関する連続意見書　第三　有形固定資産の減価償却について（大蔵省企業会計審議会・昭和35年6月））では、この金利の取得原価への算入がどのように循環計算となっているのか？以下の図をもって解説します。

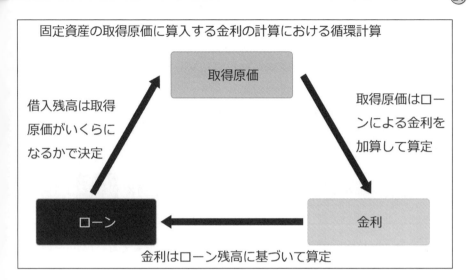

固定資産の取得原価に算入する金利の計算における循環計算

取得原価

借入残高は取得
原価がいくらに
なるかで決定

取得原価はロー
ンによる金利を
加算して算定

ローン

金利

金利はローン残高に基づいて算定

　まず、取得原価には、建設期間中に発生した金利を含めます。次に、その金利
はローンの金額に基づいて計算されます。さらに、そのローンの金額は取得原価
によって決まります。その取得原価は金利によって決定され、その金利はローン
の金額によって決定され、以下無限ループとなり、循環計算が発生しています。

⑤　DCF 法の割引率の算定上用いられる D/E レシオ

　さて、これは本書で想定しているコーポレート・ファイナンス・モデルではなく、
バリュエーション・モデルでしばしば見られるケースです。つまり、DCF 法で株
主資本価値と、それを算定するために用いられる割引率の構成要素である D/E レ
シオの循環計算のケースです。

　DCF 法の株主資本価値は、将来のキャッシュ・フローを割引率で割り引くこと
で現在価値をもとめられます。つまり、「株主資本価値の計算のためには割引率が
必要となる」と言うことです。

　そして、その割引率は以下のような計算式、いわゆる CAPM（Capital Asset
Pricing Model）でもとめられます。

割引率 ＝ リスク・フリー・
レート ＋ エクイティ・リスク・
プレミアム × 修正リレバード・
ベータ

　割引率の計算要素のうち、「修正リレバード・ベータ」と言うものがあります。これは、アンレバード・ベータを「評価対象会社で想定される」有利子負債の利用度合いによって調整されたものです。（なお、アンレバード・ベータとは、平たく言えば「評価対象会社には有利子負債が（伴って金利の税効果も）存在しない」と言う仮定のもと、評価対象会社の事業そのもののリスク度合いを表したものと言うイメージです。）その調整計算は以下のような数式で行われます。

$$
\boxed{\text{修正リレバード・ベータ}} = \boxed{\text{アンレバード・ベータ}} \times (1 + (1 \blacktriangle \boxed{\text{実効税率}}) \times \boxed{\text{D/Eレシオ}})
$$

　若干ややこしくなりましたが、ここで理解しておくべきことは、「割引率の計算のためにはD/Eレシオが必要となる」と言うことです。

　ではそのD/Eレシオはどのように算定されるのか？それは、D（有利子負債）をE（株主資本価値）で割ることで算定されます。つまり、「D/Eレシオの計算のためには株主資本価値が必要となる」と言うことです。

　以上をまとめると、「株主資本価値の計算のためには割引率が必要となる」、「割引率の計算のためにはD/Eレシオが必要となる」、そして「D/Eレシオの計算のためには株主資本価値が必要となる」と言う見事なまでの循環計算が発生することになります。

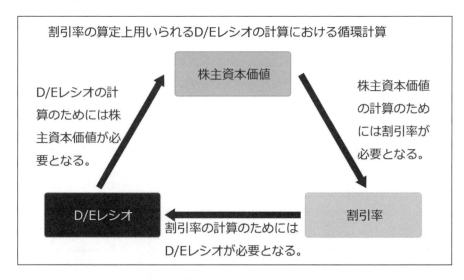

割引率の算定上用いられるD/Eレシオの計算における循環計算

⑥　ミス

　最後に、財務モデリング実務上は残念ながらミスによる発生も少なからず見受けられます。その主な原因は以下の通りです。

循環計算を発生させるミスの典型例
①　ロジック建てが誤っている
②　参照ミス
③　情報が下から上に流れている（合計欄が合計対象の上にある等）

　①のロジック建てが誤りや②の参照ミスは、粛々と訂正していくしかありません。ここで③の情報が下から上に流れるような例外的な財務モデルの構造について解説します。

▲	A	B	C
1	得意先売上高合計	232,100	=SUM(B1:B10)
2	平田工業	279	
3	大島洋品店	311	
4	ソイロ・アソシエイト	297	
5	ダヤン・ビルヂング	311	
6	高橋商店	319	
7	阿部マスター	294	
8	京田窯業	263	
9	石橋不動産	100	
10	柳興産	147	

　合計を算出する時、上記の設例のように合計対象の上に合計欄を設ける財務モデルをしばしば見かけます。合計欄をどこに置くべきかは、趣味の問題です。そのため、何が正しいか？の答えはありません。しかしながら、上記の設例のように上に合計欄を置いてしまうと、しばしば合計セル自らも「合計対象にしてしまう」というミスを少なからず見かけます。別の丸の内ルールでも解説しました通り、財務モデルは上から下へ（正確には左上から右下へ）の情報の流れで行われるのが一般的です。そのため、この設例のように下から上へのいわば例外的な情報の流れはミスを生みやすくしてしまい、このようなケースにも意図せず循環計算が発生してしまうのです。

3. 循環計算の是非

　財務モデリング実務上循環計算をそのまま使うか否かは賛否両論があります。言うまでもなく、ミスによる循環計算は許されません。では、それ以外の上記のようないわばまっとうな理由での循環計算は認められるのでしょうか？

　筆者は、以下の理由により循環計算の状態はなるべく回避すべきと考えます。

循環計算を回避すべき理由

① 　循環計算は読み手にとって分かりにくい。

② 　循環計算の結果は正しいとは限らない。

③ 　Excel の動作が遅くなることがある。

---

① 　分かりにくい

　まず、財務モデルの読み手が循環計算を理解しようとするのは、モデラーが財務モデリングの過程で組みながら理解することに比べて非常に困難です。とりわけ、その循環計算の過程に＃DIV／0！などのエラーが含まれているような場合、F9キーでいくら再計算を試みても（本来消えるはずのエラーであっても）エラーは消えず、財務モデル全体が制御不能に陥ってしまいます。最悪なケースでは、財務モデルにダメージをもたらし、大幅な手直しを行わなければならない可能性が出てきます。

② 　結果が正しいとは限らない

　次の問題点はより深刻です。つまり、循環計算の結果は必ずしも正しいとは限らないと言うことです。上記のミスの設例をもとに解説します。

	A	B	C
1	得意先売上高合計	232,100	=SUM(B1:B10)
2	平田工業	279	
3	大島洋品店	311	
4	ソイロ・アソシエイト	297	
5	ダヤン・ビルヂング	311	
6	高橋商店	319	
7	阿部マスター	294	
8	京田窯業	263	
9	石橋不動産	100	
10	柳興産	147	

　上記の通り、得意先売上高合計は、桁違いに誤っていることは一目瞭然です。これは何が起きているのか？それは以下の通りです。まず、B 1 セルの SUM 関数によって B 2 から B10 までの合計である 2,321 が算定されます。そして、B 1 セルに 2,321 が一瞬アウトプットされて、さらに B 2 から B10 までの合計である 2,321 をさらに加算して 4,642、と合計を繰り返してしまっているのです。上記の設例のケースでは、100 回（=232,100 ÷ 2,321）繰り返して加算していることがわかります。また、後述する反復計算をオフにしている状態で循環計算の原因となる数式を F 2 キーで編集モードにしてそのままエンターを押すと、下記のようにゼロになってしまいます。これも計算結果は正しくありません。

	A	B	C
1	得意先売上高合計	-	=SUM(B1:B10)
2	平田工業	279	
3	大島洋品店	311	
4	ソイロ・アソシエイト	297	
5	ダヤン・ビルヂング	311	
6	高橋商店	319	
7	阿部マスター	294	
8	京田窯業	263	
9	石橋不動産	100	
10	柳興産	147	

③ 動作が遅くなる

次の問題点もまた、限られた時間の中で行わなければならない財務モデリング実務上は無視しえないものです。つまり、Excel の動作が遅くなってしまう点です。とりわけ、財務モデル上不可欠な感応度分析のためにデータテーブルが含まれているような場合、循環計算とデータテーブルが相俟って、計算処理に非常に長い時間がかかってしまいます。ほぼフリーズ状態となってしまい、せっかくアップデートした Excel を泣く泣く強制終了させてやり直した経験のある読者も多いかもしれません。

4. 循環計算の解決方法

以上の理由から、財務モデリング実務上は極力循環計算を回避するべきと解説しました。ではどのように循環計算を回避すべきなのか？その解消方法は以下の通りです。

循環計算の解消方法

① 循環計算の状態のまま反復計算を行う

② マクロを活用する

③ 許容範囲内で計算を簡略化する

④ 連立方程式を解く

以下、それぞれの解消方法について解説します。

① 循環計算の状態のまま反復計算を行う

最初の解決方法は、循環計算は受入れ、その代わり循環する回数、Excel の用語でいうところの「最大反復回数」を特定し、「反復計算を行う」と言うものです。循環計算は無限ループですが、これを一定の回数までの有限ループにする、と言うものです。この反復計算の設定方法は以下の通りです。

反復計算の設定方法

① 『 [Alt] → [f] → [t] 』で「Excel のオプション」を開く

② 「数式」タブの「反復計算を行う」にチェックを入れる（[Alt] + [i]）

③ 「最大反復回数」を特定する（例えば 100 回）（[Tab]）

④ 「OK」で変更を確定させる（[Enter]）

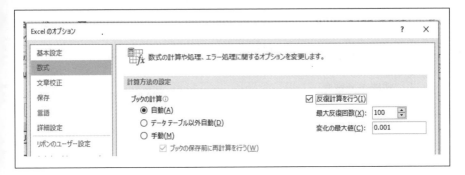

　この反復計算の利点は、循環計算を回避する工夫の労力を省くことができ、手っ取り早いという点です。

　しかしながら、依然として財務モデルの読み手にとっては分かりづらい構造になってしまうことは否めません。また、反復計算の回数を有限にしたとしても、前述のように反復をするにつれて答えが大きく拡散していってしまい、必ずしも正しい計算が行われるとは限らないと言う循環計算本来の問題点は解決されません。そのため、丸の内ルールでは、循環計算のまま有限の反復計算はできる限り避けることをお勧めします。

② マクロを活用する

　次にマクロを用いた解決方法を解説します。マクロと言うと何か難しい解説が始まるのではないか？と言う懸念があるかもしれません。しかし本書ではマクロについては深くは触れません。筆者の感覚では、ほとんどの財務モデリング実務においてマクロを用いる必要がある機会は（対象業種など次第ではありますが）全体の10％にも満たないものです。ここではごく簡単にマクロを組む方法のみを解説します。

　では、以下手順を踏んで解説します。

（1） ブレーカーを作る

　まず、循環計算を解消するために、あえて循環計算内の一部分をベタ打ちにしてしまうことから始めます。同時に、循環計算外で循環の原因となっていた計算式を入力します。文章のみではわかりづらいので前述の業績連動賞与の循環計算の事例を用いて解説します。

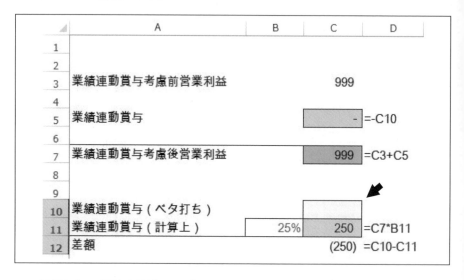

　3行目から7行目は前述のモデルと同一です。その下方の10行目から12行目がここで言うブレーカーの部分です。まず、C11セルには循環計算の原因となったC7セル（営業利益）×B11セル（業績連動賞与の営業利益（業績連動賞与考慮後）に対する比率）と言う数式を入力します。次に、C10セルにはベタ打ち入力するためのセルを用意します。この時点では数値を入力する必要はありません。業績連動賞与を出力するC5セルはこのベタ打ちセルのC10セルを参照するように入力します。最後にC12セルにC10セル（ベタ打ちの業績連動賞与）とC11（計算上の業績連動賞与）の差額を出力させる数式を入力します。これでマクロの下準備は完了です。

（2） マクロを記録する

　次の手順はいよいよマクロを組みます。その前にどのような機能のマクロを組むのか？について解説します。

　下記の概念図のように、営業利益に25%を乗じた数値を「計算上の業績連動賞

与」として算定しますが、それを直接（いわばモデル上実際に用いる）業績連動賞与として用いるのではなく、「たまたま」同じ値であるベタ打ち数値を介してから財務モデル上用いる業績連動賞与として用いる、と言う仕組みです。「ベタ打ち」と言うどこのセルにも参照していないいわば「ブレーカー」を介することで、循環計算のループは途切れることになります。

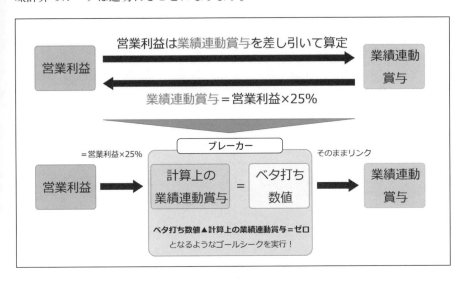

そして、そのブレーカーであるベタ打ちセル（C10 セル）と計算上のセル（C11 セル）が一致する、言い換えれば両者の差がゼロになる仕組みを作ることになります。より Excel 的な説明をすれば、C12 セル（=C10 セル -C11 セロ）がゼロとなるような C10 をもとめるゴールシークを実行する仕組みを作る、と言うものです。そしていちいちゴールシークを実行するのが面倒なので、ボタン一つでゴールシークが実行できるようにマクロを組む、と言うのがこの手順で行いたいことなのです。

では具体的なマクロの記録方法を解説します。マクロの記録は以下の手順で行います。

マクロの記録方法

① 『 Alt → w → m → r 』で「マクロの記録」を開く。

② 「マクロ名」にマクロ名称を付ける。

③ 「マクロの保存先」を「作業中のブック」にする。

④ 「OK」でマクロの記録を開始する。

　ここからマクロの記録が開始されます。マクロの記録中は記録させたい動作のみ行うことに注意して下さい。不必要にアクティブセルを移動させたりエンターを入力したりすると、その動作までもマクロに記録されてしまうためです。なお、マクロの記録中は下記のように Excel 画面の左下に白い四角が表示されています。

次に、ゴールシークの手順をマクロに記録します。ゴールシークの手順は以下の通りです。

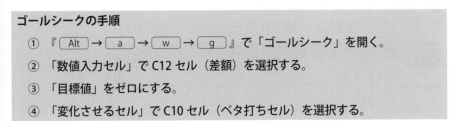

ゴールシークの手順

① 『 Alt → a → w → g 』で「ゴールシーク」を開く。

② 「数値入力セル」でC12セル（差額）を選択する。

③ 「目標値」をゼロにする。

④ 「変化させるセル」でC10セル（ベタ打ちセル）を選択する。

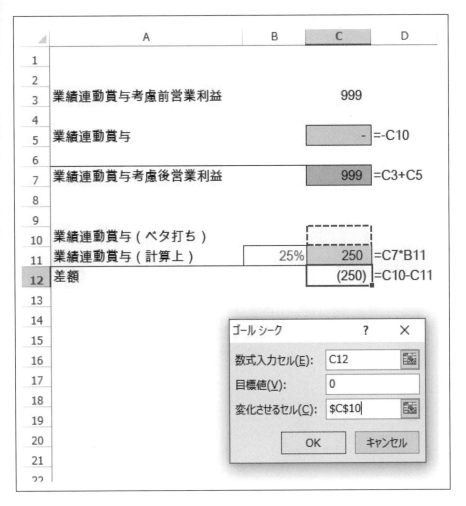

これでゴールシークは実行完了です。そのためマクロの記録を終了させるため

に、Excel 画面の左下に白い四角をクリックします。すると、以下のようなマークに変更し、マクロの記録が完了します。

（3）　ゴールシーク・マクロのボタンを作る

　では次に、前の手順で記録したゴールシーク・マクロを実行するボタンを作成します。ボタンの作り方は以下のような手順で行います。

ボタンの作り方

① 『 Alt → I → i → b 』で「ボックスの挿入」を開く（フォームコントロールと Active X コントロールのいずれでも OK）

② スプレッドシートの好きな場所にボタンを作る

③ ボタンを押すことで作動するマクロを登録するため、ボタンを右クリックし、「テキストの編集」を選択し、名前を付ける。

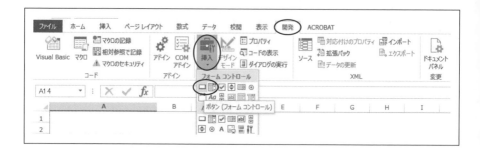

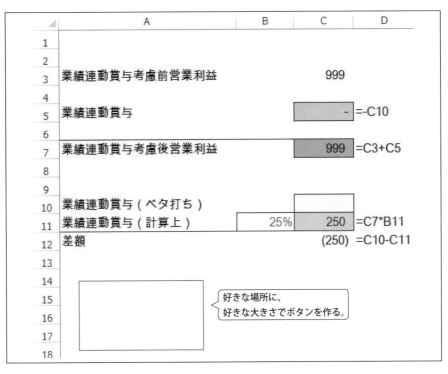

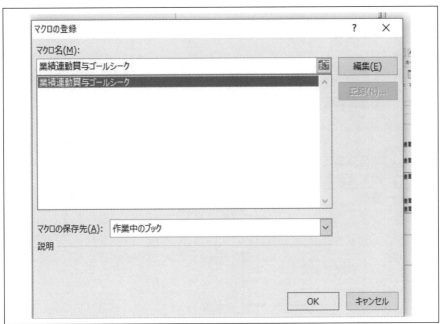

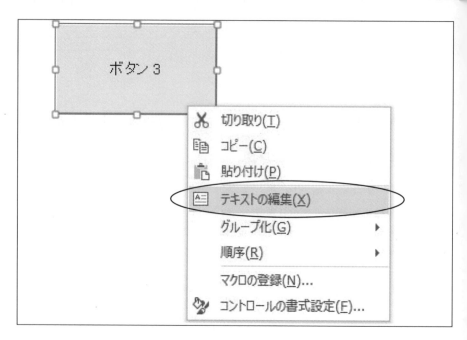

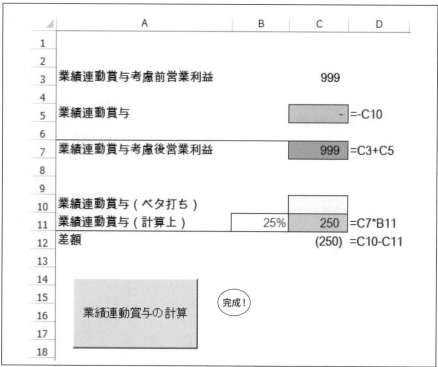

　以上で循環計算を解消するマクロの仕組みは完成です。早速このマクロボタンを押してみると下記のように答えが一瞬で出力されます。

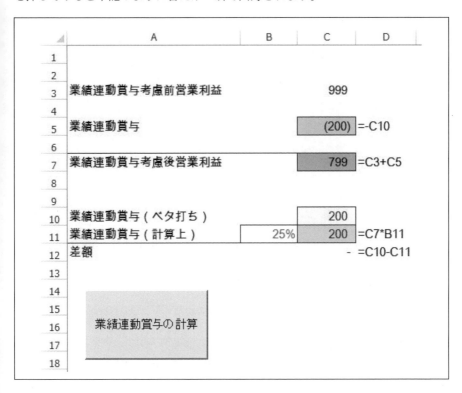

　なお、ボタンの作成の手順で、タブに「開発」が存在しない場合は、『 Alt → f → t で「ファイル」の「オプション」を開き、「リボンのユーザー設定」の画面の右側の窓の「開発」にチェックマークを入れて「OK」することで、「開発」タブが現れます。

　また、 Alt ＋ F11 で VBE（Visual Basic Editor）を起動させると、前述で記録したマクロのコードが確認できます。以下のような簡単なコードが既に書かれています。

```
Sub 業績連動賞与ゴールシーク ()
'
' 業績連動賞与ゴールシーク Macro
'

'
    Range("C12").GoalSeek Goal:=0, ChangingCell:=Range("C10")
End Sub
```

　このゴールシーク・マクロの利点は、循環計算のエラーが発生しないこと、比較的読み手にとっても循環計算の仕組みがわかりやすいこと、そして理論的な計算ができる可能性が高いことが挙げられます。
　一方で、留意点としては、まず、マクロを組むこと自体が面倒である点が挙げられます。また、前提となる値が変えるたびにゴールシーク・マクロを実行しなければならず、煩雑であり、最悪の場合ゴールシーク・マクロを実行し忘れによるミスのリスクが存在することです。例えば、以下のように業績連動賞与考慮前営業利益を 999 から 1,234 に変更した場合、C 5 の業績連動賞与は 999 の時か

らは自動的には更新されず、200 のままです。

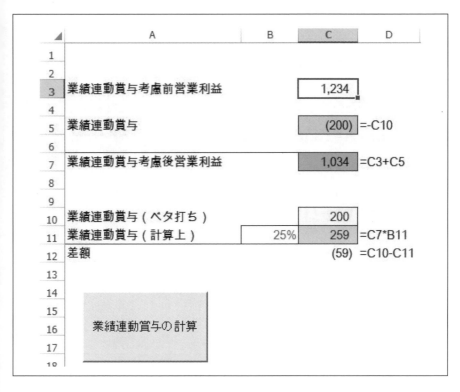

　この場合、改めてゴールシーク・マクロを実行すべくボタンを押さなければなりません。

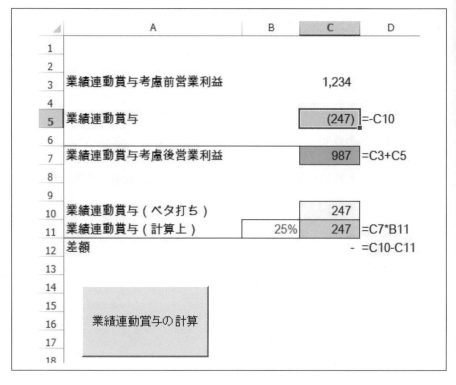

　上記の設例はシンプルなものですが、実際の財務モデリング実務上は財務モデル自体がより複雑なものになりうるため、ついゴールシーク・マクロの実行をし忘れてしまう可能性があるのです。

③　許容範囲内で計算を簡略化する

　次の解決方法は、一定程度計算を簡略化して循環計算を解消する、と言う方法です。前述の2つの解決方法は、いわば Excel 上の循環計算エラーメッセージが出ない方法であって、理論上は循環計算が依然存在しています。ここでは、許容範囲で財務モデルの計算の正確性を多少犠牲にして循環計算を理論上も解消しようという手段を、以下の預金と預金利息の財務モデルの設例で解説します。

	A	B	C	D	E	F	GH	I	J	K	L	M	N
1	財務モデリングブートキャンプ							開始日	2019/4/1	2020/4/1	2021/4/1	2022/4/1	
2								終了日	2020/3/31	2021/3/31	2022/3/31	2023/3/31	
3													
4													
5			1 預金										
6													
7			期首残高		千円				-	8,700	2,001	27,801	
8			増加額（除く預金利息）		千円				30,200	14,300	37,700	22,900	
9			預金利息		千円				-	1	0	3	
10			減少額		千円				(21,500)	(21,000)	(11,900)	(13,300)	
11			期末残高		千円				8,700	2,001	27,801	37,404	
12													
13			預金利息（期首残高ベース）		千円	0.01%			-	1	0	3	=M7*$F13
33													
34			預金利息（平均残高ベース）		千円	0.01%			0	1	1	3	=AVERAGE(M7,M11)*$F34
35													
36			差異		千円				(0)	0	(1)	(0)	

　上記の設例における計算の簡略化とは、預金利息の計算のために、利率を預金の期中平均残高ではなく期首残高に乗じて算定する、と言うものです。会計やファイナンスの世界では、P/L項目やキャッシュ・フロー項目は、季節性がない限りは事業年度中に押し並べて発生する、と言う前提があります（期央主義）。この設例においても、預金利息を計算する際は預金残高の期中平均を用いるのが理論的です。しかしながら、前述の通り、預金の期末残高はその期に発生した預金利息を加算して算定され、一方で預金利息は期末残高も加味して計算されるため、循環計算が発生してしまいます。

　そこで着眼するのが預金利息の重要性です。上記設例では、預金利息の利率が0.01％で、将来の預金残高の推移を考慮しても年間の発生額は1千円から3千円です。この1千円から3千円と言う金額水準が、財務モデルの読み手、究極的には財務モデルを用いて経営判断を行うマネジメントの意思決定に重要な影響を及ぼすか否かについてモデラーは想像力を働かさなければなりません

　もし預金利息の金額が経営判断に重要な影響を与えないのであれば、わざわざ循環計算のリスクを負ったまま財務モデリングをするのではなく、循環計算が起きない簡略化した方法を採用する、と言う判断ができます。上記の設例では期首残高に利率を乗じて預金利息を算定することで計算を簡略化しています。また、参考として、平均残高ベースの預金利息の計算パターンも計算して比べています。期首残高ベースの計算とほとんど計算結果の差異がないことがわかります。

　この手法の利点は、循環計算が理論上もExcel上も解消できるので、比較的シンプルな財務モデルに仕上げることができる点です。

　一方で、計算の正確性を犠牲にするので、重要な項目にかかる循環計算の解消には適用できない点は注意しなければなりません。

④ 連立方程式を組む

　最後に紹介するのは、昔中学校で習った懐かしの連立方程式で循環計算を解消する方法です。早速前述の業績連動賞与を例に解説します。

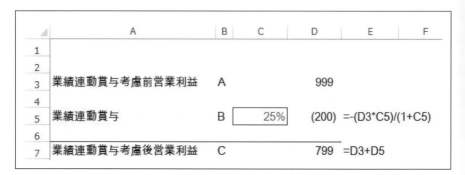

　まず、D7セルの業績連動賞与考慮「後」営業利益は、当然ながらD3セルの業績連動賞与考慮「前」営業利益からD5セルの業績連動賞与を控除して算定されます。上記設例のB列にあるリファレンスに基づいて方程式を立てると、「C=A-B」となります。次に、D5セルの業績連動賞与は、これも当然ながらD7セルの業績連動賞与考慮「後」営業利益に25%を乗じて算定されます。そのため、上記設例のB列にあるリファレンスに基づいて方程式を立てると、「B=C×25%」となります。これで連立方程式ができました。以下のように代入法で一つの数式にまとめてみます。

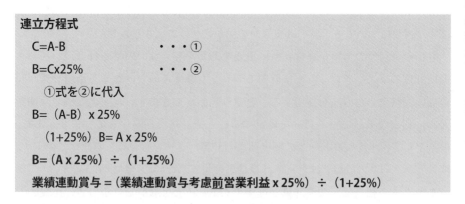

連立方程式

C=A-B　　　　　・・・①

B=Cx25%　　　　・・・②

　①式を②に代入

B＝（A-B）x 25%

　（1+25%）B＝A x 25%

B＝（A x 25%）÷（1+25%）

業績連動賞与＝（業績連動賞与考慮前営業利益 x 25%）÷（1+25%）

　上記設例のD5セルの業績連動賞与の数式はまさに上記の数式が入力されています。

　このように連立方程式を組むことで、理論上も正確性を保ちつつ、Excel上の循

環計算を解消することができます。

　一方で、出来上がった数式はやや直感的ではないため、読み手に対しては、丁寧な説明が必要です。また、財務モデリング実務上、このように連立方程式を組むことで解決できるケースは限定的であり、ある程度パターン化されています。（例えばリボルバーの循環計算を用いない方法など）常にこの方法が循環計算を解消するために使えるとは限らない点も注意が必要です。

⑤　解決方法のまとめ

　筆者の見解では、まず許容範囲で計算を簡略化できないかを検討し、次に連立方程式を組むことを試み、それでも解決できない場合は、循環計算を解消するマクロを組めないかを試す、と言うアプローチをお勧めします。循環計算のまま放置したり、反復計算をオンにする方法はなるべく回避した方が良いというのが筆者の意見です。

循環計算の解決ステップ
①　許容範囲内で計算を簡略化できないか？
②　連立方程式を解くことで解消できないか？
③　マクロを活用することで解消できないか？
④　やむを得ず反復計算で解決するか？

数式のお作法：
CHOOSE ではなく INDEX を使う

	A	B	C	D	E	F	G	H	I	J
1				1年目	2年目	3年目	4年目	5年目		
2	ベース・ケース	2	=MATCH(A2,ケース名リスト,)	100	102	104	106	108	=INDEX(H7:H9,$B$2)	
3	アップサイド·ケース									
4	ベース·ケース									
	ダウンサイド·ケース									
5	（別解）			100	102	104	106	108	=CHOOSE($B$2,H7,H8,H9)	
6	リスト									
7	アップサイド・ケース			110	116	120	124	126		
8	ベース・ケース			100	102	104	106	108		
9	ダウンサイド・ケース			95	70	60	75	80		

キーメッセージ

① シナリオ分析では CHOOSE 関数ではなく INDEX 関数を用いる。

便利な Tips

① Alt → a → v → v → Alt + a →「リスト」を選択

　CHOOSE 関数と INDEX 関数については、これらの関数が財務モデリング実務上どのように用いられるのか？から解説します。

　この二つの関数が活躍する場面は、「シナリオ分析」の時です。シナリオ分析は、財務モデル上十中八九行われます。そのため、両関数の解説に先立って、シナリオ分析の概要について解説します。

　財務モデル上のシナリオ分析とは、将来の不確実性（リスク）を定量的に分析するために、種々の前提条件について、複数のシナリオや条件を想定して財務モデルの結果を評価することです。やや抽象的な表現となってしまったので、もう少し具体的かつ砕けた解説をします。

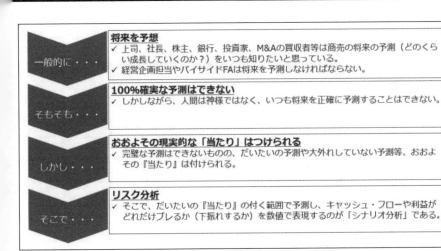

一般的に、上司、社長、株主、銀行、投資家、M&A の買い手候補等の人物は、商売の将来の予測、例えばどのくらい成長していくのか？どのくらい収益性が改善・悪化していくのか？をいつも知りたいと思っています。そのため、事業会社の経営企画担当者や M&A のバイサイドのフィナンシャル・アドバイザーは、財務数値やその基礎となる KPI についての予測や評価をしなければなりません。しかしながら、人間は神様ではないので、常に将来を正確に予測することはできません。一方で、人間は完璧な予測はできないものの、だいたいの予測や大外れしていない予測等、将来の不確実性についておおよその現実的な「当たり」を付けられることが多いです。そこで、おおよその「当たり」の付く範囲で予測し、キャッシュ・フローや利益がどれだけブレるのか？（下振れするのか？）を数値で表現するのがシナリオ分析です。

　財務モデリングやバリュエーション、M&A の実務上、シナリオは最も楽観的な「アップサイド・ケース」、現実的な「ベース・ケース」、そして保守的な「ダウンサイド・ケース」の３つを評価することが多いです。シナリオの呼び方は様々ですが概ね以下のような名称を付けられています。

典型的なシナリオの名付け例

① 楽観的なシナリオ：アップサイド・ケース、ベスト・ケース

② 現実的なシナリオ：ベース・ケース

③ 悲観的なシナリオ：ダウンサイド・ケース、ワースト・ケース

以下の設例は、販売数量についてのシナリオ分析です。

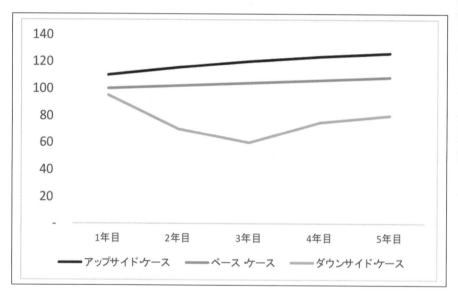

上記設例において、販売数量は 100 前後で変動する、と言う「当たり」が付いています。その「当たり」の範囲内で、下記のチャートが示すような販売数量の将来の伸びや落ち込みを、想定される範囲内で予測しています。

財務モデリングは、まさにこのシナリオ分析のために行っていると言っても過言ではないと筆者は考えています。

では次に、Excel 上のシナリオ分析モデルの仕組みについて解説します。

シナリオ分析モデルの仕組み

① 「シナリオ名称」（ベース・ケース）を選択する。

② ①に基づいて「シナリオ番号」(2) が自動的にアウトプットされる。

③ 上から (2) 番目（ベース・ケース）にある数値 (100) を使いたい。

④ シナリオ分析で用いる数値として③の範囲の上から (2) 番目の (100) を返す。

　まず、①分析したい「シナリオ名称」を選択します。すると、②それに呼応して「シナリオ番号」が MATCH 関数によって自動的に返ってきます（このシナリオ番号は、Excel の便宜上用いられるものです）。この例では、7 行目から 9 行目にかけて「シナリオ名称」（A 7 セルから A 9 セル。上記設例上は「ケース名リスト」と名前が定義付けられています。）とそれぞれのシナリオの前提数値（D 列から H 列）が入力されています。そして、「シナリオ番号」は、MATCH 関数によって、「ケース名リスト」の範囲のうち上から 1 番目にある「アップサイド・ケース」の「シナリオ番号」を 1 とし、以下「ベース・ケース」を 2、「ダウンサイド・ケース」を 3 となります。要するに「シナリオ番号」は「ケース名リスト」の範囲の上から何番目に位置しているかによって決められる単純なものと考えて下さい。

　そして、③「シナリオ番号」が 2 の場合、7 行目から 9 行目にあるそれぞれのシナリオの前提数値のうち、上から 2 番目にある「ベース・ケース」の数値 100 が、④の INDEX 関数を用いて返されます。この④の数式が組み込まれ、選択されたシナリオの情報が返された 2 行目の数値が財務モデルの計算シートで用いられることになります。これが Excel 上の「シナリオ分析」の仕組みです。

　次に、シナリオ分析で用いられる関数について解説します。前述の仕組みの説明のうち、④における「シナリオ番号」に対応したシナリオの数値を返すための関数の解説です。

　このシナリオ分析において、最も一般的に用いられているのは CHOOSE 関数でしょう。CHOOSE 関数の一般的な説明は、「引数のリストから値を返す」と言うものです。この説明はやや抽象的でイメージがつかみにくいです。そこで本書では財務モデリング実務に焦点を当てたより具体的な解説を行います。

　CHOOSE 関数とは、シナリオ番号を識別し、シナリオ番号に対応したシナリオの数値を返す関数です。

=CHOOSE(シナリオ番号，シナリオ 1 の値，シナリオ 2 の値，シナリオ 3 の値)

　下記の設例の 1 年目の販売数量がアウトプットされる D 5 セルの CHOOSE 関数の構造を例に説明します。

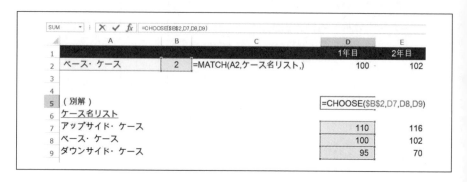

　最初の引数である B 2 セルには番号が入っています。この番号は 7 行目から 9 行目に含まれている各シナリオの上から 2 番目にあるベース・ケースの番号です。次の引数である D 7 セルはシナリオ番号 1 であるアップサイド・ケースの販売数量が、D 8 セルはシナリオ番号 2 であるベース・ケースの販売数量が、そして D 9 セルはシナリオ番号 3 であるダウンサイド・ケースの販売数量が、それぞれ参照されています。最初の引数で選ばれた「2」に基づき、それ以降の引数のうち、「2」番目の引数である D 8 セル、すなわち 100 を返す。これが CHOOSE 関数の役割です。CHOOSE 関数の利点は、構造がシンプルで直感的なところです。それゆえに財務モデリング実務上も広く普及しています。

　本書では、もう一つシナリオ分析で活用される INDEX 関数についても解説します。INDEX 関数は馴染みが薄いかもしれません。しかし、財務モデリング実務上使いこなせばかなり有用な関数です。INDEX 関数とは、検査の対象とする範囲の中で、「指定する位置」の情報を返してくれるものです。ここで、非常に抽象的な表現の「指定する位置」とは、より具体的に説明すると「上（又は左）から何番目と指定された位置」と言う意味です。

=INDEX(検査の対象とする範囲，上（又は左）から何番目)

　INDEX 関数の機能は直感的には分かりにくいかもしれませんので、以下の設例を用いて解説します。

CHOOSE 関数の設例同様、B 2 セルに「ベース・ケース」の番号 2 があります。そして、 1 年目の D 2 セルにベース・ケースの場合の数値がアウトプットされることを考えてみましょう。各ケースの数値は D 7 セルから D 9 セルに存在しています。

D 2 セルの 1 年目の数値としてアウトプットされうるのは、D 7 セルから D 9 セルまでの 3 つの数値です。上からアップサイドの 110、ベースの 100 及びダウンサイドの 95 です。ここで選ばれるべき数値は、上から 2 番目のベースの 100 です。そこで、INDEX 関数を用いてこのように数式を組み立てます。

```
=INDEX( 検査の対象とする範囲 , 上 ( 又は左 ) から何番目 )
=INDEX(D7:D9,$B$2)
=INDEX(1 年目の各シナリオの数値 , シナリオの番号 )
=INDEX( アップサイドの 110、ベースの 100 及びダウンサイドの 95,2 番目 )
=100
```

INDEX 関数はこのようにシナリオ分析で活用します。

では、財務モデリング実務上、最初に解説した CHOOSE 関数と INDEX 関数のいずれをシナリオ分析上用いるべきでしょうか？本書では、CHOOSE 関数よりも INDEX 関数を用いることを推奨します。その理由は以下の通りです。

①　INDEX の方がシナリオを追加する場合でも直しやすい。
②　CHOOSE はセルを 1 つ 1 つ参照しなければならないが、INDEX は範囲で選べば良く入力も修正も楽。

いずれもミスのリスクを低めるという観点からの理由です。以下 CHOOSE 関数を用いた事例で解説します。

　下記の設例では、前述の３つのシナリオの他に「ベース・ケース２」を追加するというケースを想定しています。

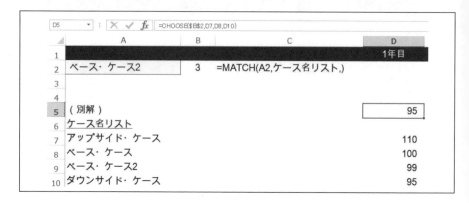

　このようなシナリオの追加は財務モデリング実務上もよくあるケースで、モデラーが現実的と思って設定したベース・ケースが読み手である上司やクライアントのレビューの結果、もう少し保守的に見ろと言う指示に基づいてもう一種類のやや保守的なベース・ケースを設定することはしばしば見受けられます。

　そこで、９行目に「ベース・ケース２」を追加しました。その上でＢ２のシナリオ番号を３にして、早速「ベース・ケース２」を選択してみると、「ベース・ケース２」の 99 が返らず、95 が返ってしまっています。なぜこのようなミスが起きてしまったのか？

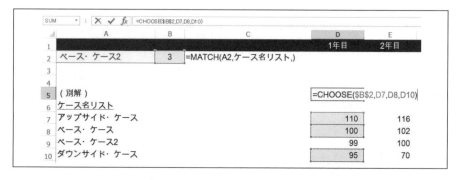

　その原因は、CHOOSE 関数が「ベース・ケース２」の入力されている９行目のセル（Ｄ９セル）を参照していないためです。「ベース・ケース２」が挿入された時点でも、シナリオ番号３はなお「ダウンサイド・ケース」のままになっているのです。そのため、CHOOSE 関数の参照先にＤ９セルを追加する必要があります。

しかも、3番目のシナリオとなるように、参照先D9セルを入力する順番も正確に入力しなければなりません。

一方 INDEX 関数を用いた場合は、以下の設例の通りです。

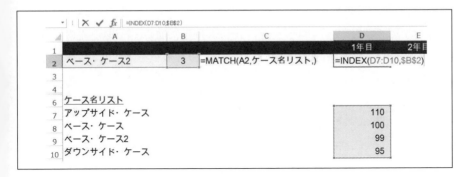

INDEX 関数では、CHOOSE 関数とは異なり、対象となるシナリオの数値を個々に選択するのではなく、範囲で選択することができます。そのため、9行目のように既に選択された範囲（7行目から（旧）9行目）の間に行（シナリオ）が追加挿入されたとしても、範囲が7行目から10行目までをカバーしているため、シナリオを追加するような場合でも INDEX 関数を手直しする必要がないのです。

以上より、INDEX 関数は、CHOOSE 関数に比べて財務モデリング実務上ありがちなシナリオの追加にも対応しやすく、ミスの可能性が低く抑えられるという利点があるのです。

COLUMN　よりスマートなシナリオ選択方法（MATCH 関数とリストの入力規則）

　前述の通り、財務モデリング上、シナリオ分析はほぼ必ず行われます。そして
シナリオ分析上是非とも覚えておきたい技が「データの入力規則」での「リスト」
での入力と MATCH 関数です。前述の INDEX 関数に加え、「リスト」の入力とこ
れから解説する MATCH 関数を用いれば、シナリオ分析をよりスマートに行うこ
とができます。

1. リスト

　「リスト」とは、「データの入力規則」によって、「指定された『元の値』」のこ
とです。そしてその「指定された『元の値』」の情報しか入力できないように制限
することが「データの入力規則」です。一気に説明してしまいましたが、以下ステッ
プ・バイ・ステップで解説します。

　まず、リストとなる「元の値」はあらかじめ「名前の定義」によって「名前」
を付けることが望ましいです。何故ならば、このようなリスト一覧は別個のシー
トで独立管理されることが多くなるため、リストを管理するシート以外のシート
からもどのような内容のリストを参照しているのかを明確にすることが有益だか
らです。なお、「名前の定義」を作成するショートカットは以下の通りです。

一番上を名付けたい文字列にしてリストにしたい文字列と併せて選択
↓
`Ctrl` + `Shift` + `F3`

　リストの範囲の一つ上の部分に名付けたい名前を入力しておけば、下記の「上
端行」を選択することで、その名前を定義付けることができます。

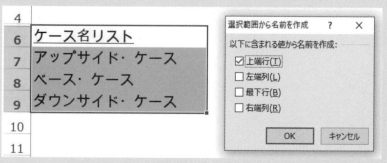

次に以下のショートカットで「リスト」を作るウィンドウを開きます。

便利な Tips

② Alt → a → v → v → Alt + a →「リスト」を選択

上記のショートカットによって、下記のような画面になります。

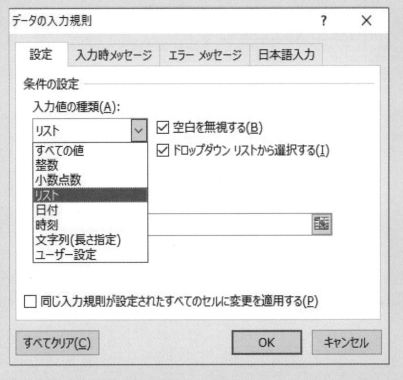

次に、「元の値」として、リスト化したい情報の範囲を指定します。この例では、前述の通り定義された「ケース名リスト」、すなわちＡ７セルからＡ９セルの範囲が「元の値」として指定されます。

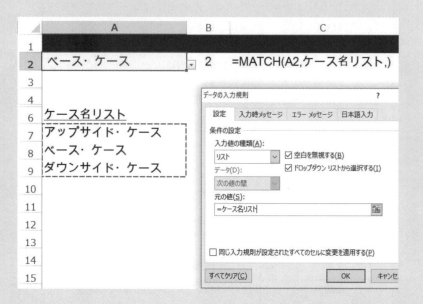

　つまり、ここで言う「リスト」とは、「データの入力規則」によって、「指定された『元の値』」、すなわち、「ケース名リスト」の「アップサイド・ケース」、「ベース・ケース」及び「ダウンサイド・ケース」のことを指します。そしてこれらの3つのシナリオ名称しか入力できないように制限することが「データの入力規則」なのです。

　以上の手順を踏むことで、以下のように、A2セルには、シナリオ名のリストから「のみ」入力できる仕組みが完成しました。

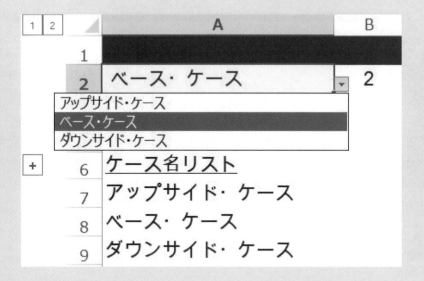

2.MATCH 関数

　では、次にこのシナリオ名称に基づき、シナリオ分析の司令塔となるシナリオ番号が自動的に返ってくる仕組みを作ります。その仕組みを作るのに必須となるのが MATCH 関数です。

　MATCH 関数とは、探そうとしている情報が、指定された範囲の中で上から（又は左から）何番目にあるか、と言う数値を返す、と言う機能があります。

=MATCH(探そうとする情報 , 探そうとする範囲 , ゼロ)

　探そうとする範囲は、縦方向でも横方向でも大丈夫です。ただし、一行又は一列である必要があります（つまり、3 行 × 3 列のような複数の行と列は範囲にはできません）。

　この説明のみでは、財務モデリング実務上具体的にどのように役立てられるのか？のイメージが湧きにくいと思います。そのため、早速シナリオ分析におけるMATCH 関数の使い方について以下の設例で解説します。

			1年目	2年目	3年目	4年目	5年目
1							
2	ベース・ケース	2 =MATCH(A2,ケース名リスト,)	100	102	104	106	108
	アップサイド・ケース						
	ベース・ケース						
	ダウンサイド・ケース						
6	ケース名リスト						
7	アップサイド・ケース		110	116	120	124	126
8	ベース・ケース		100	102	104	106	108
9	ダウンサイド・ケース		95	70	60	75	80

　まず、色塗りされたＡ２セルにおいて「リスト」からシナリオ名称を選択します。すると、Ｂ２セルのシナリオ番号が自動的に変わる、と言う仕組みを作ることを目指します。前述の通り、このシナリオ番号が設例にあるシナリオごとの数値選択のキーとなります。Ａ２セルで選択された「ベース・ケース」と言うシナリオ名称は、MATCH 関数で指定されている範囲「ケース名リスト」（本設例ではＡ７セルからＡ９セル）において、上から２番目に存在しています。その結果、この MATCH 関数の結果として、２が返ってくることになります。

=MATCH(A2, ケース名リスト)
=MATCH(ベース・ケース , ケース名のリスト , 完全に一致する場合)
＝ ベース・ケースはシナリオ名のリストの上から２番目に存在する
＝ 2

　また、参考までに、MATCH 関数の代わりに IF 関数を用いて同じ役割を以下の通り再現してみました。

	A	B	C
1			
2	ベース・ケース	2	=MATCH(A2,ケース名リスト,)
3			
4		2	=IF(A2=A7,1,IF(A2=A8,2,3))
5			
6	リスト		
7	アップサイド・ケース		
8	ベース・ケース		
9	ダウンサイド・ケース		

　確かに MATCH 関数より短くコンパクトに仕上がっています。しかしながら、やはり IF のマトリョーシカは直感的に分かりづらく、実際理解に時間がかかってしまいます。そのため、依然 MATCH 関数の方が望ましいのです。

26 数式のお作法：
エラートラップを使う

1 2	A	B	C	D	E	F	G	H
1			2020/1/1	2021/1/1	2022/1/1	2023/1/1	2024/1/1	
2			2020/12/31	2021/12/31	2022/12/31	2023/12/31	2024/12/31	
3			2020年度	2021年度	2022年度	2023年度	2024年度	
4								
5	売上高		4,343,155	6,957,524	4,890,000	5,574,600	5,630,346	
6								
7	年次成長率							
8	エラートラップを用いない場合		(#DIV/0!)	60.2%	-29.7%	14.0%	1.0% =G5/F5-1	
9								
12	エラートラップを用いる場合		(N/A)	60.2%	-29.7%	14.0%	1.0% =IFERROR(G5/F5-1,"N/A")	

キーメッセージ

① エラーの存在は、関係者の心理的負担、モデルへの信頼感、安定性を損ねてしまうため、エラートラップでエラーが返らない仕組みを作る。

1. エラーとは

　財務モデリング実務上避けて通れない、しかしながら、目の当たりにするとげんなりしてしまう。それがエラーです。ゼロで割る計算式があれば、その結果として「#Div/ 0!」と言うエラー、参照先のセルを削除してしまった時の「#REF!」、VLOOKUP 関数で引っ張ってくる情報に該当がない時の「#N/A」、文字を加減乗除してしまった時の「#VALUE!」、IRR を算定する時に前提条件に誤りがある時の「#NUM!」など、読者にとっても見覚えのあるエラーかもしれません。

　エラーは、ミスによって生じるものもあれば、計算が正しく行われた結果として生じるものもあります。前者のエラーは問答無用に修正されなければなりません。では後者のような正しい計算の結果のエラーとはそもそも何なのか？について解説します。

　例えば、下記の設例のように売上高の年次成長率を算定する数式では、正しい計算を行っていてもエラーが発生することがあります。なお、年次成長率は、以下のような数式で算定されます。

売上高年次成長率＝当事業年度売上高÷前事業年度売上高▲1

　Excel の観点からは、2 年目以降、下記の設例で言えば D 列以降の成長率の算定は問題ないのですが、初年度、つまり C 列の成長率の計算では、除数となる「前事業年度売上高」に該当がなく、Excel 上は何も入力されておらず、ゼロと識別して除数にしてしまう結果、「# Div/ 0!」と言うエラーが返ってきてしまいます。

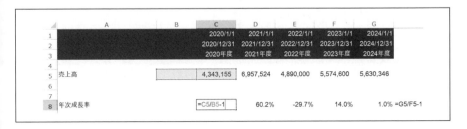

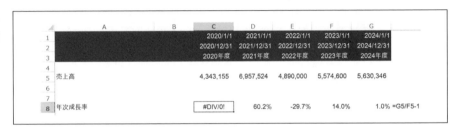

　しかしながら、計算式自体に問題はありません。（財務モデリング実務上、より正確に言えば、参照先の空白の B 5 セルには何も入力されないように「セルの色分け」によって「入力禁止セル」にするべきです。別途丸の内ルールで解説します。）これが、数式が正確であってもエラーが発生する典型的な事例です。

2.　エラーの弊害

　財務モデリング実務の当事者にとって、いかなる理由で発生したとしてもエラーを見るとうんざりした気持ちになるものです。モデラーにとっては、エラーを見かけるたびに「自分はどこかでミスしているのではないか？」と言う必要以上の不安に追いかけられてしまいます。（ただし、適度にミスの不安を持つことはむしろ財務モデリング上有益です。）また、財務モデルの読み手にとっては、エラーが含まれている財務モデルを見ると「このモデル大丈夫かな？」と感じて財務モデルに対する信頼性を損ねてしまいます。必要以上の不安は必要以上の精神的・肉

体的な消耗を招き、財務モデリング実務に支障をきたしてしまいます。

　さらに、Excel の仕組みの観点からは、エラーが発生したセルを他のセルが参照しているような場合、他のセル自体もエラーとなってしまい、参照が続く限りエラーが連鎖してしまいます。これでは財務モデルの安定性が損なわれ、特に循環計算やデータテーブルが含まれているような場合、Excel の処理速度が著しく遅くなってしまい、最悪のケースではフリーズしてしまったり、強制終了してしまうことがあります。

3.　エラートラップ

　筆者の財務モデリング実務経験上、このような数式が正確であっても発生するエラーについても「エラートラップ」、つまりエラーが発生しないような仕組みを設ける必要があります。

　では、エラーを捕まえて取り除く「エラートラップ」とは具体的に何か？について解説します。「エラートラップ」には、エラーが発生した場合、そのエラーを別の情報に転換してアウトプットする機能があります。例えば、エラーが出た時、エラーの代わりにゼロを返すケースもあれば、「該当なし」と文字列を返すケースもあります。より具体的にどのような数式でエラートラップが構築できるのかについて解説します。

	2020/1/1 2020/12/31 2020年度	2021/1/1 2021/12/31 2021年度	2022/1/1 2022/12/31 2022年度	2023/1/1 2023/12/31 2023年度	2024/1/1 2024/12/31 2024年度
売上高	4,343,155	6,957,524	4,890,000	5,574,600	5,630,346
年次成長率 エラートラップを用いない場合	#DIV/0!	60.2%	-29.7%	14.0%	1.0% =G5/F5-1
IFとISERRORを用いる場合	N/A	60.2%	-29.7%	14.0%	1.0% =IF(ISERROR(G5/F5-1),"N/A",G5/F5-1)
IFERRORを用いる場合	N/A	60.2%	-29.7%	14.0%	1.0% =IFERROR(G5/F5-1,"N/A")

　上記設例では、エラートラップを用いない場合と、エラートラップを用いた場合2つを比較したものです。エラートラップがないと「# Div/ 0!」のエラーが表示されています。やはり見るだけでも気持ち悪くなります。一方でエラートラップがある場合、エラーの代わりに「N/A」と該当なしの旨の文字列が返ってきています。

4. IFERROR

Excel 上エラートラップの機能を果たしてくれるのが IFERROR 関数です。IFERROR 関数は、検査の対象となる数式がエラーとなる場合は指定の値や文字列を返し、また、エラーとならない場合は当該数式の結果を返す、と言う関数です。

=IFERROR（検査の対象の数式, エラー値の代わりに返す値・文字列）

一般的には ISERROR 関数の方がより有名かもしれません。ISERROR 関数は、検査対象がエラー値の場合、TRUE の論理値を返すという関数です。

=ISERROR（検査の対象となる数式）

検査の対象がエラーの場合→ TRUE が返る

検査の対象がエラーではない場合→ FALSE が返る

この ISERROR 関数は、IF 関数との組み合わせて用いられているケースがほとんどです。なぜならば、TRUE か FALSE を返すことしかできない ISERROR 関数は、それ単体では使いにくいためです。そのため、ほとんどのケースで以下の通り IF 関数と組み合わせて用いられます。

=IF（ISERROR（検査の対象となる数式）, エラー値の代わりに返したい文字列・値, 検査の対象となる数式）

では、IFERROR 関数と（IF 関数とのコンビネーションで）ISERROR 関数といずれを用いるべきか？結論は、IFERROR 関数を用いるべきです。その理由は以下の通りです。

① 複数の数式が重なっている。

② 検査対象となる数式が繰り返し含まれてしまう。

まず、IF 関数・ISERROR 関数と複数の関数が一つの数式に含まれてしまう点が挙げられます。IF 関数と ISERROR 関数のコンビは、機能もシンプルですし、それほど複雑ではありません。しかしながら、IFERROR 関数と言う一つの関数で済ませられるのであれば、KISS の原則からはそれに越したことはありません。

次に、IF 関数と ISERROR 関数コンビでは、検査対象となる数式、つまり「G 5

/F 5 - 1」と言う数式を 2 回登場させなければならなりません。その結果、修正が必要となった場合の修正漏れが発生するリスクが高まってしまいます。一方でIFERROR 関数を用いれば、検査対象となる数式は 1 回の登場で済ませられます。その結果、数式の見た目もすっきりし、修正もしやすく、KISS の原則の観点からも IFERROR 関数の方がベターなのです。

5. エラートラップの副作用

　最後に、エラートラップの注意点について解説します。エラートラップによってエラーが表示されなくなったことは良いことである一方で、本来発生していけない、つまり、ミスに起因するエラーも表示されなくなることです。このような隠れエラーの存在は、ミスそのものの存在を意味するわけですが、エラートラップが効いてしまうと見た目ではエラー表示がされなくなってしまい、エラーの原因となるミスの点検漏れが発生するリスクがあるのです。そのため、モデラーは最初に数式を組む段階ではエラートラップを含まないようにし、エラートラップがなくても隠れエラーが表示されないことを確認してから改めてエラートラップの仕組みを組み込んで下さい。隠れエラーについては、別途ルールで解説します。

27 セルのお作法：
セルは色分けする

財務モデリングブートキャンプ インプット ベース・ケース		事業計画年度期 実績計画 開始日 終了日 日数	実績 2016/4/1 2017/3/31 365日	実績 2017/4/1 2018/3/31 365日

1 モデルセットアップ

1.1 一般

モデル名称		財務モデリングブートキャンプ
通貨	yen	円
表示単位		百万
通貨表示単位	unit	百万円

1.2 時間軸

モデル開始日	日付	2016/4/1
直近事業年度末日	日付	2019/3/31
事業計画期間開始日	日付	2019/4/1

2 ライン増設

2.1 設備投資

製造ライン増設日	日付	2020/9/1
増設に伴うキャパシティ増分	百万袋	100
設備投資額	百万円	16,000
増設後の販売数量増し分	百万袋	75
増設に伴う変動費削減額	百万円	(1)
増設に伴う製造部門従業員増加数	百万円	100

財務モデリングブートキャンプ 計算 ベース・ケース		事業計画年度期 実績/計画 開始日 終了日 日数	実績 2016/4/1 2017/3/31 365日	実績 2017/4/1 2018/3/31 365日	実績 2018/4/1 2019/3/31 365日	第1期 計画 2019/4/1 2020/3/31 366日

6.3 リボルバー

リボルバー限度額

リボルバー使用？		Yes				
リボルバー限度額	百万円	10,000				
リボルバー返済前キャッシュ・フロー	百万円		1,681	2,512	(2,037)	(1,215)
現金及び預金期首残高	百万円		5,512	6,882	9,082	6,732
必要手許現金	百万円	7,000	(7,000)	(7,000)	(7,000)	(7,000)
返済可能(調達必要)キャッシュ・フロ	百万円		193	2,394	45	(1,483)

リボルバー枠未使用分

期首残高	百万円		10,000	10,000	10,000	10,000
使用額	百万円					
返済額	百万円					
期末残高	百万円		10,000	10,000	10,000	10,000

キーメッセージ

① セルの書式設定をルール付けし、ひと目でセルの性質が分かるようにする
② 一度決めたら一貫して使用する
③ あまり多くの書式設定をルール化しない

便利な Tips

① [Ctrl] + [1]　　　　　　　　　　　　：セルの書式設定を開く
② [Alt] → [e] → [s] → [t]　　　　　：（コピー後に）書式設定を貼り付ける
③ [Ctrl] + [Page Up/Down]　　　　　：ウィンドウのタブを移動する

　セルの見た目を決める書式設定を工夫することで、読み手にとって財務モデルがどのような仕組みになっているかが理解しやすくなります。具体的には、あらかじめセルの性質ごとにそのセルに適用する書式設定をルール付けし、財務モデルの各セルがどのような性質を持っているかをひと目で分かるようにします。書式設定とは、例えばフォント、フォントサイズ、フォントスタイル、フォントの色、背景の色、枠線などが挙げられます。

　次に書式設定のルールについて解説します。以下のルールは筆者の財務モデリング実務で用いているものにすぎません。そのため、読者の好みで書式設定を変えることは問題ありません。一方で、財務モデリング実務では、以下のルールでほぼコンセンサスが取れているものと推測されます。そのため、特にこだわりがなければ以下の丸の内ルールをそのまま適用されることをお勧めします。

		塗りつぶしのRGB	フォントのRGB	枠線のRGB
青文字	変更が想定される手入力項目	255:255:204 薄い黄色	0:0:255 青	0:0:255 青
青文字	変更が想定されない手入力項目	242:242:242 薄い灰色	0:0:255 青	0:0:255 青
緑文字	他シートから参照		84:130:53 緑	
黒文字	計算結果			
	入力禁止セル	244:176:132 薄いオレンジ		0:0:255 青
	該当なしセル	191:191:191 灰色		0:0:255 青
	例外入力セル	255:192:0 オレンジ		0:0:255 青
	仕掛中セル	192:0:0 赤		0:0:255 青

1. インプットセル

　インプットセル、即ちベタ打ち入力されるセルは、前述の丸の内ルールにある通り、頻繁に変更されることが想定される変動インプットと、一度入力したら基本的には変更されないことが想定される固定インプットの二種類に分けられます。そして、それぞれのセルは書式設定を変更させる必要があります。以下のインプットシートの設例で解説します。

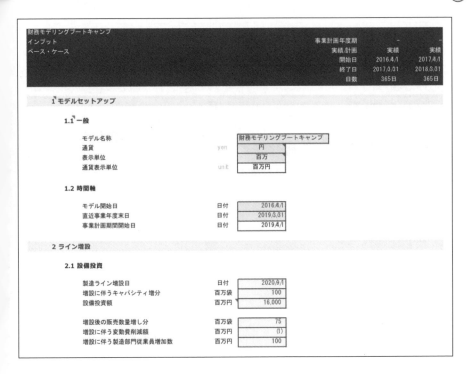

（ア）　変動インプット

　例えば、「設備投資」の「製造ライン増設日」などは、予定通りの増設されたケースや、数ヵ月増設が遅れたケースなどでシナリオ分析が行われることが想定されます。このような手入力で変更が想定されるインプットセルは、紺色の文字にして、背景を薄い黄色で塗りつぶす書式設定にします。また、筆者は個人的な趣味で紺色の枠線で囲います。その方が「ここに手入力する」と際立たせることができると考えているためです。

　ではここで具体的な書式設定の変更の手順について解説します。最初に、書式設定を変更したいセルをアクティブにして、 Ctrl ＋ 1 のショートカットで「セルの書式設定」を起ち上げます。すると以下のようなウィンドウが出てきます。

　まず、フォントの色を変更します。「セルの書式設定」の「フォント」タブを選びます。 Ctrl ＋ Page Up/Down のショートカットでタブを移動できます。「フォント」タブの「色」のドロップダウンボタンをクリックします。すると、カラーパレットが出てきますので、紺色を選択します。ここでは、解説のためにあえて「その他の色」で色を探してみます。

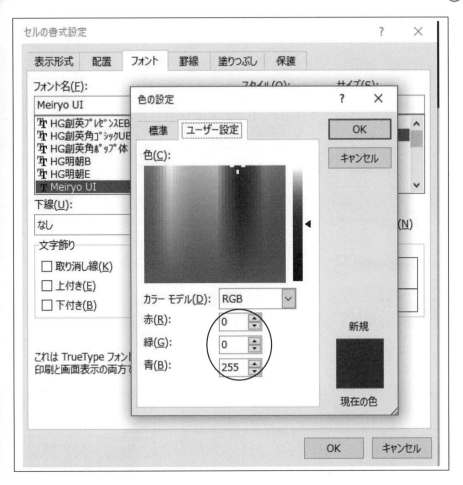

　「その他の色」をクリックすると上記のような「色の設定」ウィンドウが起ち上がります。そこで、「カラーモデル」は「RGB」のまま、「赤」、「緑」「青」で番号を入力して色を指定します。ご参考までに、筆者が用いる青色は、「赤」0、「緑」0、そして「青」255 の色を用いています。番号を指定したら OK をクリックします。

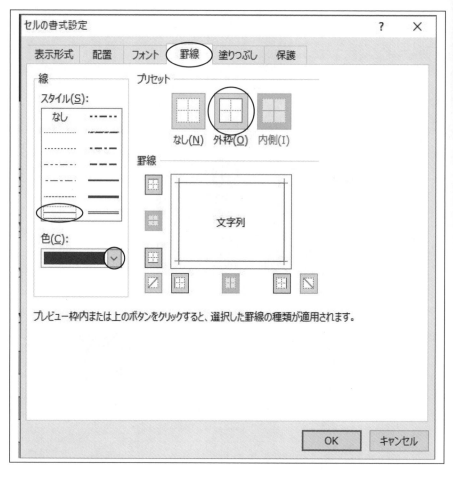

　では次に、枠線（罫線）を追加してみます。「罫線」タブを選択すると上記のようなウィンドウが出てきます。まずフォントの色の変更と同じ要領で「色」を変更します。次に [Alt] + [O] で「外枠」ボタンを選択すると一気に四辺に罫線を追加することができます。

　最後に塗りつぶしの色を変えてみます。

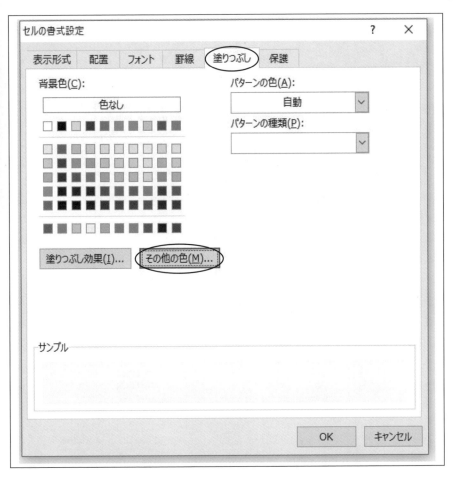

　「塗りつぶし」のタブを選択すると上記のようなウィンドウが出てきます。お目当ての色があれば表示されているカラーパレットから選択します。ここでは説明目的で「その他の色」をクリックします。

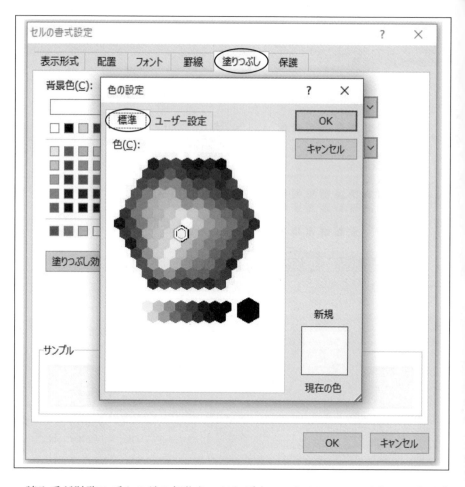

　読み手が財務モデルのどの部分をいじれば良いのか？についてはなるべく明確に分かるような書式設定にしたいところです。そこで薄い黄色と言うのは程よく目立たせることができます。しかしながら、目立たせようとして派手目な色を用いると、財務モデルの見た目がけばけばしくなってしまい、目に負担がかかるため、極力避けましょう。

（イ）　固定インプット

　例えば、上記の設例の「一般」や「時間軸」に含まれる通貨や表示単位は財務モデルを使用している際に頻繁に変更されることはありません。そのような場合、文字の色や枠線は紺色のまま、背景の塗りつぶしを薄い灰色にします。青文字に

してインプット項目であることを見せつつ薄い灰色で塗りつぶして目立たなくさせることで、財務モデルの読み手にとっても目立ちにくくなり、誤って入力内容を変更してしまうリスクを低めることができます。

2. 計算セル

（ア） 数式の計算結果セル

数式が含まれ、その計算結果がアウトプットされる計算セルについては、特に書式設定を変更することなく、黒色の文字で塗りつぶしをしないセルのままにしましょう。

（イ） 他のシートから飛んできたセル

他のシートのセルを参照しているセルについては、文字の色を濃い緑色にします。しかしながら、他のシートのセルを参照している数式と見れば、前述の数式のセルとは性質が同じと言えることから、色分けをしないという考え方もできます。そのため、モデラーの過去の実務経験からの慣れや趣味によっては、濃い緑色の文字にはせず、黒い文字のままにしているケースも見受けられます。

3. その他セル

（ア） 入力禁止セル

ある特定のセルに入力すると財務モデル上支障があるような場合、そのセルには入力を禁止することを明確に表示しなければなりません。そのため、ある程度濃い目の色（できればオレンジや赤の警告をイメージするような色）で塗りつぶすことで読み手に警告を発しましょう。

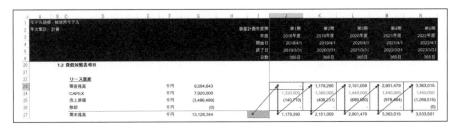

（イ）　該当なしセル

　次に、ある特定の項目についてある事業年度には該当する項目が存在しないというケースがあります（例えば「過去」実績事業年度における「将来」の情報など）。そのような場合は、濃い灰色などで「そのセルには入力内容は存在しない」と言うことをアピールしておく必要があります。

（ウ）　例外セル

　また、一つの行に異なる数式を入力せざるを得ないケースでは、例外的入力をそのセルで行っていると言うことを見た目で分かるようにしておく必要があります。そのため、入力禁止セルと同様に、濃い目の色で塗りつぶすことが望ましいです。

（エ）　とりあえず入力セル

　最後に、いわゆるとりあえず入力を行ったような場合、最も目立つような書式設定にしておく必要があります。目立たせることで、再確認や再考が必要なセルが存在していることをモデラーにも読み手にも視覚的に伝えることができます。そして、とりあえず入力が適切に修正されたら、その目立つ書式設定を解消することを忘れないようにして下さい。

　以上のセルの書式設定は、地図の記号のようなものです。そのため、財務モデルにおいても下記のような凡例（Legend）を入力したシートを別個独立で作り、ブックの前の方に挿入しておくと、読み手に親切な財務モデルとなります。

青文字	変更が想定される手入力項目
青文字	変更が想定されない手入力項目
緑文字	他シートから参照
黒文字	計算結果
	入力禁止セル
	該当なしセル
	例外入力セル
	仕掛中セル

さてこのセルの色分けのルールですが、以下の点に注意する必要があります。

セルの色分けの留意点
① 必要以上に書式設定のルールを作らない。
② 一度決めた書式設定のルールは財務モデル上一貫して守る。

まず、張り切りすぎて必要以上に多くの書式設定のルールを作らないことです。あまりに細かく色分けのルールを決めてしまうと、モデラーにとっても負担がかかりますし、読み手にとってもかえって理解しづらくなってしまう可能性があります。いわば見た目だけのルールに過ぎないので、あまりこだわりすぎず、必要最低限の色分けのルールに留めましょう。

次に、一度決めた色分けのルールは財務モデル上一貫して守る必要がある、と

言うことです。例えば、とあるシートでは、他のシートを参照しているセルは緑色の文字の色分けのルールを適用している一方で、別のシートでは緑色の文字の色分けのルールは適用されていない、と言うようなことは避けるべきです。

　最後に、筆者が財務モデリング実務上、しばしば見かける色分けの良くない事例について以下の事例を用いて解説します。

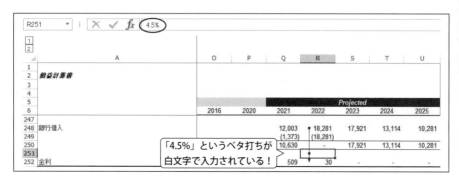

　上記は銀行借入にかかる金利の計算のモデルのようです。252 行目には金利の計算が行われている模様ですが、ぱっと見どのように計算が行われているかがわかりません。その要因の一つが、251 行目にあります。一見何も情報が含まれていないように見えます。しかしながら、数式バーを見ると、「4.5%」と言う数値が入っていることがわかります。なぜこのようなことが起きているのか？

　それは、セルの文字を見えないようにするため、フォントの色を白に設定しているからです。このように数値を見えなくするのは、例えば、財務モデルの読み手に対してあまり見せたくないような情報を、ぱっと見で隠すことで、見落とすことを期待している時に用いられるのかもしれません。しかしながら、このように計算の要素を隠してしまうことは、モデラーにとっても自分で財務モデルの正確性を検査する時に数式バーや数式の参照先をしっかり見ないと見落としてしまいます。どうしてもあまり目立たせたくないと言う状況にある時は、目立たない別の場所に計算を配置する等の方が望ましいです。

著者プロフィール

合同会社丸の内プレップ　代表
公認会計士

服部浩弥

公認会計士。慶応義塾大学卒業後、新日本有限責任監査法人国際部に7年所属、主に会計監査に7年間従事。その後シティグループ証券投資銀行部門M&Aグループに移籍し、M&A案件のExecution業務に3年間従事。その後KPMG FASに移籍し、引き続きM&A案件にかかるフィナンシャル・アドバイザリー業務に3年間従事。2012年よりKPMG LLPニューヨーク本社に出向し、M&A案件における評価価値分析業務に2年間従事。その後、大手総合商社の社内M&Aアドバイザリー部署に出向し、クロスボーダー及び国内におけるM&A・JV組成案件にかかるアドバイザリー業務に従事。その後ベンチャー企業WARCに取締役として参画し、組織の起ち上げに従事。2020年合同会社丸の内プレップを設立。財務モデリングを中心とする各種研修を手掛ける。

ファイナンスのプロになる
Excel財務モデリングの教科書I
ミスを減らせるルール編

2020年3月20日　初版発行
2020年6月1日　　第2刷発行
2023年10月20日　第3刷発行

著　　　者　　服部浩弥

発 行 者　　大坪克行

発 行 所　　株式会社 税務経理協会
　　　　　　〒161-0033東京都新宿区下落合1丁目1番3号
　　　　　　http://www.zeikei.co.jp
　　　　　　03-6304-0505

印　　　刷　　株式会社技秀堂

製　　　本　　牧製本印刷株式会社

 本書についての
ご意見・ご感想はコチラ

http://www.zeikei.co.jp/contact/

本書の無断複製は著作権法上の例外を除き禁じられています。複製される
場合は、そのつど事前に、出版者著作権管理機構（電話03-5244-5088、
FAX03-5244-5089、e-mail: info@jcopy.or.jp）の許諾を得てください。

JCOPY ＜出版者著作権管理機構委託出版物＞

ISBN 978-4-419-06711-3　C3034

© 服部浩弥 2020 Printed in Japan